导购这样说才对

第3版

有效解决终端销售最头疼的50个难题

王建四 ◎ 著

北京联合出版公司
Beijing United Publishing Co.,Ltd.

图书在版编目（CIP）数据

导购这样说才对 / 王建四著 . —3版. —北京：北京联合出版公司，2015.6

（2018.7重印）

ISBN 978-7-5502-5522-7

Ⅰ . ①导… Ⅱ . ①王… Ⅲ . ①销售—方法 Ⅳ . ① F713.3

中国版本图书馆 CIP 数据核字（2015）第 128846 号

导购这样说才对：第3版
作　　者：王建四
选题策划：北京博雅广华文化传媒有限公司
责任编辑：夏应鹏
特约编辑：魏　雯
封面设计：水玉银文化

北京联合出版公司出版
（北京市西城区德外大街83号楼9层　100088）
北京晨旭印刷厂印刷　新华书店经销
字数195千字　787毫米×1092毫米　1/16　14印张
2015年6月第3版　2018年7月第6次印刷
ISBN 978-7-5502-5522-7
定价：45.00元

未经许可，不得以任何方式复制或抄袭本书之部分或全部内容
版权所有，侵权必究
本书若有质量问题，请与本公司图书销售中心联系调换。电话：010－82894445

目 录

推荐序一 / V

推荐序二 / VII

自序 / IX

第1章
顾客进店后，如何打破你与顾客之间的沟通坚冰

1. 我们热情地迎接顾客，可顾客毫无反应，或冷冷地说：我随便看看 / 2

2. 顾客很喜欢，但同行的朋友却觉得一般，并建议顾客到别处再看看 / 8

3. 顾客喜欢我们的东西，但讨价还价后说了句"我再考虑考虑"就犹豫地离开了 / 13

4. 顾客进店后东看看，西看看，我们建议顾客体验一下产品，但他怎么都不热心 / 18

5. 好的嫌贵，给他推荐实惠的特价款，他又对质量不放心 / 24

6. 你们都说自己的东西好，哪个卖瓜的不说自己的瓜甜呢 / 28

7. 顾客喜欢，本想买来送给朋友，但突然说改天把朋友带过来再决定 / 32

8. 眼看就要成交，可经过的闲逛客随意说了句消极的话，顾客便犹豫起来 / 36

9. 导购介绍完货品后，顾客毫无感觉，什么也不说就转身要走 / 41

10. 顾客进店后看了看说：东西好少呀，感觉没什么好买的 / 45

11. 夫妻或情侣双方在购买时产生分歧，甚至有些不愉快 / 49

`本章自测题` / 52

第2章
在销售中遇到以下问题，你应该怎么办

12. 顾客刚进门就问：你们店有没有××款式/风格/材质/功能的商品 / 54

13. 你们的品牌就是广告砸出来的，还不是我们顾客买单吗 / 58

14. 如何才能延长顾客留店时间，让顾客坐下来交流 / 62

15. 刚摆的新货，质量没问题，可顾客仍要拿新的，但库房里已经没有了 / 66

16. 东西我满意，但我的一个朋友已经买了，我不想买同样的 / 70

17. 东西挺好的，下次我带朋友过来，让他帮我看看再说吧 / 74

18. 顾客询问产品会否出现变形、变色、生锈、使人体过敏等自然性问题时，我们该如何回答 / 78

19. 你们是哪里的牌子呀，都没听说过，还卖这么贵 / 82

20. 处理库存时，有顾客突然说：这好像是以前的老款，怎么还拿出来卖呢 / 85

21. 隔壁店的东西和你们的比较，你觉得他们的怎么样 / 89

22. 你们还名牌呢，样品做工都这么粗糙 / 93

23. 算了吧，现在很多产品都是贴牌或者随便挂个国际牌子 / 97

`本章自测题` / 100

第3章
当顾客对价格有异议的时候，你应该怎么办

24. 隔壁××牌子的东西跟你们的比，各方面都差不多，但价格要便宜得多 / 102

25. 东西我喜欢，我也来了好几次了，你再便宜点我就买了 / 107

26. 都谈这么久了，给我个面子，再少××元我就要了 / 111

27. 东西的确不错，我也喜欢，就是太贵了 / 115

28. 算了吧，我觉得没必要花这么多钱买这么好的东西 / 119

29. 别的地方老顾客都有折扣，你们这里怎么没有优惠呢 / 123

30. 我跟你们×总很熟，你不给我这个价格我就给他打电话了 / 127

31. 顾客对东西各个方面都很满意，但了解价格后转身就准备离开 / 130

32. 我是你们的老顾客，怎么和新顾客一样，一点优惠都没有呢 / 134

本章自测题 / 138

第4章
顾客对优惠折扣有异议，你应该怎么办

33. 你们的东西可不便宜，能打几折呀 / 140

34. 我今天只是先看看，等你们打折的时候再来买 / 144

35. 我不要你们的赠品和积分，你换成折扣给我吧 / 147

36. 你们怎么会不打折呢？比你们好的××品牌都打×折呢 / 151

37. 买一件不打折也就算了,我买三件也不打折呀!那我一件都不买了 / 154

38. 折扣和赠品只能二选一,可顾客既要折扣又要赠品,怎么办 / 158

39. ××品牌不光打折,而且还有赠品呢 / 162

40. 我也不跟你还价了,你把那个饰品送给我吧 / 166

41. 顾客对东西很喜欢,询问什么时候有活动 / 169

本章自测题 / 172

第5章
当顾客对商品存在不满情绪时,你应该怎么办

42. 与其他品牌比起来,你们的贵宾卡优惠力度太小了 / 174

43. 如果过一段时间商品价格比我买时低,你们要赔我差价 / 177

44. 我不喜欢小牌子,我买这类货品一般都买××牌子 / 182

45. 虽然商品在退货期内,但顾客却因非质量问题要求退货 / 186

46. 虽然可以按规定退货,但时限已超过退货期,怎么办 / 190

47. 有些顾客无端要求退换货,并且威胁不解决不离店 / 194

48. 有的顾客买东西特别麻烦,反复调换 / 198

49. 想收集VIP客户资料,可顾客不是很配合 / 201

50. 我们向顾客索要电话,顾客说自己需要的时候会来找我们 / 204

本章自测题 / 209

推荐序一

初识王建四老师，源于偶然看到他写的《导购这样说才对》这本书。一开始被书名吸引，随便翻了翻，很快被其内容打动，我毫不怀疑这是一本充满诚意和能量的书。在我看来，诚意在于作者能把他所宣称的那些良好愿望都落到实处！显然，写这本书的人，不仅有着扎实的终端经验，更有着敏锐的触觉，深刻知道终端到底需要什么！于是我联系到王建四老师，决定请他为公司员工和经销商进行终端导购技能培训。

2011年7月，"麦金利商学院第三届金牌店长训练营"在杭州开课，全国医药百强连锁的千名金牌店长在现场感受到了王建四老师的能量！他讲的都是销售终端日常工作中经常遇到的难题，一天的培训，掌声不断。店长们认真聆听，仔细记笔记，生怕漏过一丝细节。

这次麦金利商学院金牌店长训练营反响非常好，一段时间下来，各门店业绩都有了大幅度的增长。全国各地的店长、店员们深切感受到王建四老师的图书和培训给自己带来的帮助，纷纷通过不同途径向他表达谢意。我们的经销商也看到了此次训练营对店长、店员们的帮助和潜能的激发，纷纷问我什么时候还有此类培训。于是，公司决定将一年两次的训练营改为两个月一次，继续聘请王老师为麦金利商学院讲师，在全国巡回讲课，让所有的店长、店员们现场接受他的指导。

《导购这样说才对》一书自2008年出版以来已连续加印30多次，被许多公司选为一线员工培训用书，且一直处于同类书畅销排行榜前列，其实用性和实操性经受住了时间和实践的考验。值《导购这样说才对》（第3版）出版之际，特向广大终端销售人员推荐此书，愿更多的人能够从中受益！

麦金利（中国）有限公司总裁

孙鹤鸣

推荐序二

销售终端作为维系消费者与品牌厂商的桥梁，历来是众多厂商所重视的市场节点之一。对于家居建材行业来说，想取得良好的销售业绩，不仅要有优质的产品、与产品配套的装饰装修，还需要良好的销售氛围。销售氛围的营造，除了硬件设施，终端销售人员——导购的业务素质和技能非常重要。终端导购人员的一个动作、一个眼神、一句话，都会对消费者的购买行为产生影响。对终端导购进行全方位的训练，是终端提升战斗力、销售力的一大基础。如何寻找到合适的终端导购培训教练，如何用好培训教练，是企业和经销商们共同关切的问题。

为了使"雅生活方式"能够在终端得到更好的体现，让导购与消费者的沟通更通畅，我们邀请了王建四老师担任终端销售培训教练。王老师一直以来致力于家居行业的销售培训，具有丰富的行业知识和经验，能够根据企业实际需求进行有针对性的培训。通过多次合作，王老师在好风景家居"雅生活方式"传播和终端销售力打造中发挥了重要的作用，我们对他深表感谢。

《导购这样说才对》是王老师终端销售培训课程的系统化总结，内容实际、实用。这本书可以说具有真正意义上的"上午学、下午用"的实操性，是一本中国零售终端的原创性著作、一部不可多得的零售终端实战宝典！

在这里，我愿负责任地将《导购这样说才对》（第3版）推荐给家居建材界的同行们，相信大家会从这本书中获得自己最需要的东西，也坚信这本书会给中国各个行业的零售终端带来革命性的业绩提升！

成都好风景家居总裁

王自松

自 序

各位读者，当你们拿起这本书并且阅读这篇自序的时候，我心怀感激，感谢你们对本书的支持，正是有了成千上万像你们这样的读者的支持，我才有原创的动力。

《导购这样说才对》自2008年出版以来，开创了培训书落地实、上手快的务实风格，7年来经过两次再版、30多次加印，至今畅销28万余册，一直深受学员们喜爱。

不过，随着中国零售市场的发展，根据读者学员的反馈以及本人的研究深入，我觉得这本书有很多地方需要完善。基于此，在出版社的推动下，本着对读者负责的态度，经过慎重考虑，我决定出版《导购这样说才对》（第3版）。在第3版中，内容有如下变化：

首先，行业定位更加精准。本人研究两个领域：时尚服饰领域和耐用消费品领域。我的第一本书《服装应该这样卖》是时尚领域的，在中国零售培训书中第一次推出这个概念，销售非常火爆。很多读者学员通过"王建四零售院"微信公众号（wjsteam2）与我互动，只要是署名"王建四"的书籍，他们都会购买。我感谢这些读者学员对我的信任。但有时也会出现内容不够聚焦的情况，因此我真心希望可以将这两个领域分开，以方便读者学员分层学习。所以，在《导购这样说才对》（第3版）中，我将内容聚焦于家居建材等耐用消费品领域，主要针对这个领域的零售人员。我相信，精准的行业定位会使读者学员的学习效果更好。

其次，紧跟市场变化。大家都知道，这几年，中国的零售业态发生了巨大变化。整个市场需求持续萎靡、电商强势崛起、多品牌反复涌现以及消费者不断成熟，中国的耐消品零售越来越艰难，这对零售服务提出了更高的要求。我们需要更加聚焦于消费者的需求，为消费者提供更多具有体验价值的服务。所以，第3版中增加了更多的顾客心理分析，强调顾客感受。

最后，话术类的书籍永远没有止境，除非你不想继续进步。每次拿起自己曾经呕心沥血的作品，总感觉有不完美的地方，所以总有一股冲动，希望能够为信任和支持自己的读者学员奉上更加完美的话术工具。从这个意义上讲，第3版的面市也算是了了我的一个心愿吧！在第3版中，我精炼了话术模板，使语言更加顺畅、简洁有力。

当然，每个人的表达都有自己的特点，长期养成的语言习惯不可能仅通过看一本书就完全纠正过来。不过我一直认为，话术只是为我们提供了解决某一种或几种问题的思路，背话术不是目的，目的在于把它变成我们自己的东西，最后灵活运用到工作中去。这要求我们首先要理解话术的思路及方向。

在全国各地上课的时候，我一直强调不要神化话术的力量，但也没有必要彻底否定它的作用。因为假如你连死靶子都打不中，怎么可能打移动靶百发百中呢？所以，让我们拿起这本书，理解并熟练掌握话术，然后将其巧妙地运用到工作实践中去吧！如果有机会，我强烈建议你来到我的课堂，面对面的交流必定会带给你更丰富的收获。

本书中的案例，一部分来源于我的调研实践，一部分则是我参阅一些营销学、心理学著作后提炼而成，在此向原作者致谢。

感谢北京博雅广华文化传媒有限公司的编辑们为本书再版所做的努力，有了你们的辛勤付出，《导购这样说才对》（第3版）将会掀开更加精彩的篇章。

王建四

第1章

顾客进店后,如何打破你与顾客之间的沟通坚冰

1 我们热情地迎接顾客，可顾客毫无反应，或冷冷地说：我随便看看

现场诊断

零售导购每天都会接触到形形色色的顾客。什么样的顾客最难接待？在为国内某著名地板品牌做全国20场巡回培训时，我经常会在课堂上问学员这样的问题，几乎每次都会有学员不约而同地回答：不说话的顾客或者说"随便看看"的顾客。

不过话说回来，在店里说"随便看看"或一言不发的顾客比比皆是。许多导购碰到这种顾客都觉得头大，不知如何应对，久而久之，严重削弱了他们对这份职业的兴趣，降低了他们对品牌的信心，有的导购甚至会抱怨自己运气不好：怎么遇到的都是不爱说话的顾客呢？但抱怨会让顾客开口说话吗？抱怨会解决问题吗？不会，除非我们知道顾客为什么不开口。

〔错误应对1〕没关系，您随便看看吧。
〔错误应对2〕好的，那您随便看吧。
〔错误应对3〕那好，您先看看，需要帮助的话叫我。
〔错误应对4〕（不管顾客是否说话，依然主动为其介绍）

如果我们拿着自己爱吃的巧克力去钓鱼，结果自然可想而知。其实，进店的顾客大致分为3类：有的顾客就是要买东西，有的顾客可能是提前收集资料，有的顾客纯粹只是无聊消遣而已。对不同的顾客应采取不同的

接待策略。

但我发现，无论是家居建材行业，还是珠宝、家电等耐用消费品行业，许多门店导购只要一见到顾客进店，就主动上前、热情迎接，结果往往碰一鼻子灰。我经常说，很多时候不是顾客走了，而是我们把顾客逼走了；很多时候不是顾客不愿意说话，而是因为我们把话说错了，把事做"拐"了。

"没关系，您随便看看吧"和"好的，那您随便看看吧"，皆属消极性语言，暗示顾客随便看看，看完就可以走了，这将使我们陷入尴尬，想要再次主动接近顾客将变得困难。第三种错误应对方式则实际上就是缴械投降，放弃了服务顾客的主动权。第四种错误应对看似掌握主动权，但其实极容易引起顾客反感，加快顾客离店的速度。

各位，上述的应对话术要么回避问题，要么我行我素，不利于问题的积极解决，因为我们缺乏顺势主动引导顾客并推进销售的意识和行为，从而降低了顾客选择我们品牌的可能性。那到底如何防范并应对这种"哑巴"型顾客呢？

实 战 策 略

我们来分析一下顾客的心理。其实，很多顾客进入门店时都难免会有一定的戒备感。此时，他们一般不愿主动说话，对我们的热情迎接要么不理不睬，要么"随便看看"，因为他们担心一旦自己开口说话或者回应我们的问题，就会被抓住把柄而落入店铺设计的圈套，他们可不希望自己被导购缠住而难以脱身。所以，顾客总想极力保护自己，而保护自己的最好方式就是不说话或"随便看看"。

那我们到底应该怎么做呢？如何破解这种顾客越来越少的局面，或者即使遇到这种局面也能妙手扭转呢？当我们清楚顾客进店的心理后，在招呼顾客时就应该从3个方面来规范自己的行为，尽可能防范此类情况的发生。

首先，接待顾客要热情，但不过分。

我发现，许多家居建材店铺的导购人员要么过度热情，紧紧尾随在顾客身后，要么就不理不睬地任由顾客走动。这两种行为都属于不利于销售的消极行为，会降低店铺业绩。

因为很多时候，顾客都不喜欢一进店就被店员缠着不放，适当给顾客留一些空间往往效果更好。而不理不睬地任由顾客走动，则会令顾客产生不被尊重的感觉。在很多培训课堂上，我反复强调：客人进店时，我们要热情但切忌过度压迫，否则物极必反，因为在彼此都不是太熟悉的情况下，人都需要一个安全距离，销售耐用消费品更是如此，过于热情会引起顾客的不适甚至反感，从而加快顾客的离店速度。

那我们怎么做才对呢？我认为只要做到礼貌即可。因为大家毕竟是第一次见面，再加上双方都有些防卫心理，此时立即大步前迎反而不好，真诚地点头微笑，脚步适当前行两三步左右。前迎的时候千万别直冲顾客而去，那样会令顾客有压迫感，正确的做法是往边上靠，让出顾客的前进通道，这也是尊重顾客的表现。接下来，根据与顾客的沟通情况，和顾客保持两米左右的距离。

其次，招呼顾客时要管好嘴、说对话。

在为一家珠宝门店做终端标杆店铺实地带教的时候，我发现有一些导购总爱用错误的说话方式与顾客沟通。他们经常提一些让顾客压力过大的问题，比如"您好，买项链吗""有什么需要我帮忙吗"以及"看到有喜欢的吗"等。我发现，真正回应我们的顾客少之又少。还有的导购会问一些不好回答的问题，比如"您想买什么东西"等。

各位，你们以前问过顾客类似的问题吗？如果有，请赶快收口吧，因为用类似问题招呼顾客，顾客就会很容易地以"随便看看"或者干脆不回答的方式来保护自己。正确的做法应该是一开始的时候用高亢、有感染力的语调招呼顾客，然后循序渐进地询问一些简单易答的问题，比如"先生以前听说过我们的牌子吗""先生第一次来我们店吗"或者"先生以前用过我们的东西吗"等。只要顾客开口说话了，他的心灵坚冰就会慢慢消融，我们与他的交流就会变得越来越融洽。

最后，积极地引导顾客。

如果顾客仍有"随便看看"这种敷衍之语，导购也可尝试积极性的回答方式，即引导顾客朝着有利于活跃气氛并促进成交的方向前进。

总之，导购要注意把握招呼顾客的时机，合理运用话术语言。由于篇幅原因，这方面的内容我将在课程里详细介绍。当顾客说"随便看看"时，导购应该想办法减轻顾客的心理压力，将顾客的借口变成自己接近对方的理由，然后询问顾客一些他们感兴趣且易于回答的问题，以引导顾客开口说话，从而将销售过程积极地向成交方向推进。这种方法如果转换合理，可以起到以柔克刚、借力打力的效果。下面，我提供几套引导顾客的话术模板。

话 术 模 板

话术模板A

导购：姐姐，您现在买不买没关系，可以先了解一下我们的产品。来，我先给您介绍一下，这是我们的××系列，您慢慢看吧……。请问，您的房间是装修成中式风格还是欧式风格呀？

点评

先顺着顾客的意思，以轻松的语气来缓解顾客的心理压力，同时简单介绍自己的产品系列风格等，记住千万别太详细。然后话锋一转，引导顾客回答一些简单问题。只要顾客愿意回答我们的问题，他就会慢慢开口说话，我们则可以深入发问，推进销售过程。

话术模板B

导购： 没关系，买东西是要多看看！我想邀请美女重点了解一下本店的一款最新产品，这几天这款产品卖得非常好，您可以先看看。来，美女这边请……

点评

首先仍是认同顾客的感受，让顾客感觉放松，然后立即以真诚而兴奋的语调引导顾客了解某款产品，并且顺便以有力的手势引导顾客前往。只要顾客愿意和你一起去了解产品，你就可以展开发问与顾客互动，并了解顾客的其他需求。

事情本身不影响人，影响人的是我们对事情的看法。

延伸链接

搞懂什么叫导购了吗

什么叫导购？这个问题看似简单，可在全国各地授课的时候，我发现许多人的理解只停留在卖东西、引导购买等层面，甚至不少从事门店销售工作十几年的老终端都不能明确说出其中含义。可以这么说，正是由于我们对"导购"概念的不正确理解，导致中国零售终端经常犯一些简单但却是原则性的错误。

经过十多年的终端研究和门店实地带教，我总结出了一个概念：导购就是要主动引导顾客朝购买方向前进。

首先，做导购工作一定要主动。许多生意的错失都是因为导购不主动引导，甚至根本没有意识到要去引导顾客，最后反而被顾客牵着鼻子走，从而失去主动权。作为服务行业工作人员，我们一定要知道，店是我们的店，我们才是这里的主人，我们要主动去引导顾客的行为，尤其是在进店顾客越来越少、生意越来越不好做的今天，更应该主动，任何被动的等待最后等来的可能都是消极的结果。

其次，做导购工作一定要会引导。如果方向错了，最后的结果自然不可能正确。店铺销售人员要知道自己现在该做什么事，如何引导顾客才可以扬长避短，使顾客最终走向收银台。我发现，那些业绩超棒的店铺销售人员都善于引导并推动顾客走向有利于成交的方向，既不让顾客感觉到很强的目的性，又可以达到销售目标。那种一味引导顾客立即成交的"心太急"的行为，只能引发顾客更强的防卫心理。诚如我在《卖什么也别卖东西》一书中所言，顾客是上帝，但绝对不是皇帝，我们不一定要去执行顾客的每一句话，适当引导顾客改变购买观念及行为的导购才是高水平的导购。你说是不是？

2. 顾客很喜欢，但同行的朋友却觉得一般，并建议顾客到别处再看看

现场诊断

2011年，深圳凌云翠轩珠宝公司邀请我讲授《翡翠门店金牌店长特训营》内训课程。这是我第一次为翡翠门店授课，所以课前特意对该行业做了一些走访调研。在成都春熙路的某品牌专卖店，我看到导购表现出无可奈何的样子，只能望着顾客离开的背影摇头叹息。

其实，这种情况在你的店里也曾经、正在或者即将发生，你当时是怎么做的呢？是无可奈何，还是忧郁、讨厌、恨？这种情况如果处理得好，可能开大单；如果处理不好，可能立即丢单。我发现，许多店员在面对陪伴者的反对意见时，要么对顾客片面地强调货品优点，要么一味迎合陪伴者的观点。

〔错误应对1〕不会呀，我觉得挺好。
〔错误应对2〕这是我们今年卖得最好的。
〔错误应对3〕这个很不错呀，哪里不好了？
〔错误应对4〕甭管别人怎么说，您自己觉得怎么样？

"不会呀，我觉得挺好"和"这个很不错呀，哪里不好了"，纯属店员自己找抽的错误行为，这种说法既缺乏说服力，又容易导致陪伴者产生排斥情绪，不利于营造良好的销售氛围。"这是我们今年卖得最好的"，则属于

隔靴搔痒的行为。"甭管别人怎么说，您自己觉得怎么样"，容易招致陪伴者的反感，等于把顾客的朋友得罪了，并且顾客肯定也会站在朋友一边，他不可能不给朋友面子。所以这么说，销售过程十有八九将就此终止。

实 战 策 略

在我的培训过程中，许多学员特别恐惧门店销售中一对多的情况，即一个店员同时接待多名顾客，这些顾客可能是同事、朋友或亲人。此时确实会加大销售难度，经常出现顾客满意但因陪伴者的一句话就让销售终止的现象，这确实令人惋惜。不过我认为，陪伴者既可以成为导购的敌人，也可以成为导购的朋友，关键看导购如何借用陪伴者的力量。我认为只要从以下4点入手，就可以发挥陪伴者的积极作用，尽量减少其对销售过程的消极影响。

1. 观察分析，角色判断。顾客进店时，导购首先要从言语行为上判断谁是顾客、谁是陪伴者，进而通过顾客与陪伴者之间关系的亲密程度及其购买专业度判断谁是第一影响者、谁次之。根据本人对顾客心理的研究，第一影响者对购买决定影响最大，这一单成不成，他具有一票否决权，顾客如果要购买，必定会征求第一影响者的意见，所以，顾客与第一影响者是我们销售中应该重视的两个最关键的角色。

2. 把控全场，事前预防。同样的话，我们说出来，顾客可能不相信，但如果是陪伴者说出来，他就会相信。这告诉我们，顾客更相信他的朋友。所以，销售人员千万不可忽视陪伴者，不要出现眼中只有顾客而将陪伴者晾在一边的情况。因为陪伴者虽然不具有购买决定权，但具有购买否决权，他对顾客的影响力远远超乎我们的想象。

很多时候，我们把陪伴者推到了自己的对立面，人为地给自己制造障碍。这里给各位提供两个技巧：首先，用目光关注全场。也许我们一次只能和一个人说话，但可以在说话时与陪伴者做更多的眼神交流，让陪伴者感受到尊重与重视。其次，适当征询陪伴者的建议。为了表示对陪伴者的尊重，可以在一些不重要的问题上征求其看法，比如："先生也要发表意见，先生每天都要用这些东西，所以先生的意见也很重要。""先生一看就很疼老婆啊，所以太太一定要给点意见。"不过，在整个面谈中，60%左右的时间应放在顾客身上，30%的时间放在第一影响者身上，其他为10%。总之，让陪伴者感受到你的善意、尊重与重视。如果导购在前期处理好与陪伴者的关系，就为陪伴者可能的消极影响力打了一剂免疫针。

3. 巧用关系，相互施压。如果遇到陪伴者为顾客推荐东西，而顾客也觉得不错，就可以给顾客施加一些压力，比如："张姐，您的朋友对您真是了解，她给您推荐的都是我们今年卖得非常好的款，而且都很适合您。""太太挑得真好，先生一定也喜欢，是吧？"这些话会给顾客压力，并让陪伴者与我们站在一起，因为顾客不大好直接说东西难看，或多或少要给朋友一个面子嘛，何况他本身也很喜欢这些东西。有时，顾客很喜欢自己挑选的东西，此时可以对陪伴者施加压力，比如："先生，太太应该很喜欢这款货品。"顾客本身确实喜欢，加上我们前期与陪伴者的关系搞得不错，此时他直接说东西难看的概率会降低。

4. 积极应对，征询建议。不专业的导购人为地使自己与陪伴者形成对立关系，这无助于问题的解决及销售过程的推进。不过，万一销售中确实出现了陪伴者的消极行为，为了增加销售的成功率，导购可以通过将陪伴者拉为"一家人"的办法，共同为顾客推荐货品，有时候此招效果极佳。

话 术 模 板

话术模板A

导购：李姐，您不仅精通美学，而且对朋友也很用心，买东西时带上您真是太合适了！请问李姐觉得哪方面不合适，我们交换一下看法，好吗？

> **点评**
>
> 首先真诚赞美陪伴者，然后向他请教。只要陪伴者愿意给出建议，我们就可以结合他的意思确定销售方向，这意味着我们争取到了他的支持，此时就和陪伴者站到一起了，这样将增加顾客的压力，提高销售成功的概率。

话术模板B

导购：（对顾客说）王姐，您的朋友买东西挺内行，难怪您会带上她一起来呢！（对陪伴者说）请问李姐，您觉得还有什么地方不合适？可以告诉我，我们一起来给您朋友提建议，帮她找到更合适的东西，好吗？

> **点评**
>
> 首先向顾客间接赞美陪伴者的专业、细心等，然后再询问陪伴者的看法，将他拉为自己的建议者，只要他愿意给出建议，销售就可以顺利往前推进。

陪伴者可以成为敌人，也可以成为朋友。

延伸链接

店铺导购到底做什么

我说过，导购就是要主动引导顾客朝着购买的方向前进。本书第一版出版后，全国各地许多读者通过QQ咨询我："王老师，什么是购买方向呀？"是的，什么叫购买方向？店铺导购人员在接待顾客时到底做哪些事情才是正确的呢？具体而言，我认为导购必须做好以下4件事情：

1. 招呼顾客，吸引进店。 没有进店率的店铺，业绩就没有保障。但进了店的顾客如果没有得到正确的接待，可能几分钟就会离开，自然对销售业绩也不会有帮助，所以如何招呼进店的顾客尤为重要。招呼顾客阶段，关键是要营造轻松愉快的购物氛围，同时给顾客留下好的印象，不要留下"过度推销"的痕迹。

2. 探询需求，塑造价值。 如果我们不知道顾客要什么，就没有办法把准顾客的脉搏，自然也无法留住顾客的心，无法留住顾客的脚步。作为导购，探询需求就好比医生给病人问诊把脉，这个过程的质量如何，直接影响最后的处方是否有效。根据我对零售门店的研究，我认为这个环节通常是最容易被忽视的，我们的导购太想把东西尽快卖出去了。我经常说，我们得了一种很常见的病——心太急！

3. 推介货品，引导体验。 通过提问了解顾客需求后，再向顾客自信地推荐适合的货品，并引导其参与体验。因为有了前面对顾客需求的"问诊把脉"，所以接下来的"处方"自然会开得更加有针对性，顾客也会感觉我们更专业。不仅是开"哪种药"，如何介绍"药品"的功效也非常重要。许多朋友可能会说以前学习过介绍产品的FABE模式，不过我在广州、上海开课时发现，有很多学员，甚至一些企业的内部培训师，他们自己都没有掌握好FABE，就开始给全国各地的加盟店讲授如何用FABE介绍产品，效果可想而知。

4. 处理异议，开单走人。 这是店铺销售的最后一个步骤，也是关键的临门一脚。我在全国各地授课时经常跟学员们强调：这两天的课程你们都可以不学习，但只要掌握好开单的时机及开单的策略这两点，你们的销售业绩可能就会提升30%以上。由此可见，开单是何等重要，但往往在越重要的地方，出错越厉害，我发现我们店铺里每天都有许多导购在用错误的方法开单，最后因此而丢单，实在令人惋惜。

3. 顾客喜欢我们的东西，但讨价还价后说了句"我再考虑考虑"就犹豫地离开了

现场诊断

前几年我为江浙区域的地板品牌服务特别多，在课堂上，我经常问学员们："你们一天会遇到多少这样的顾客？"很多学员说："每天至少两个吧。"那一个月就是60个。我问他们最后回来的顾客会有多少，他们回答我："最多20个。"

确实，门店销售人员可能每天都会遇到这种事情，尤其是家居建材等耐用消费品行业更为普遍。很多时候，我们觉得顾客也喜欢我们的东西呀，感觉都要开单了，可顾客最后还是以"与老公商量一下""再比较一下"或"我再考虑考虑"等借口离开，并且一旦离开，回来的概率也不是很高。

我觉得，这个问题之所以困扰着店铺销售，其实是因为我们表现得过于慌乱，没有掌握正确的方法与技巧，从而变得很被动。

〔错误应对1〕真的很适合您，您不用商量什么了！
〔错误应对2〕真的不错，而且东西也不多了，您就不要考虑了。
〔错误应对3〕（无言以对，开始整理货品）
〔错误应对4〕那好吧，欢迎您考虑好了后再来。

"真的很适合您，您不用商量什么了"，给人感觉太强势，容易招致顾客的排斥心理，毕竟顾客花这么多钱买东西，与朋友、家人商量一下也

很正常。"真的不错，而且东西也不多了，您就不要考虑了"，牵强附会，表达空洞，没有说服力。而无言以对地整理货品，导购没有做任何努力去争取生意，做法消极，让顾客感觉到这里已经不欢迎他了。"那好吧，欢迎您考虑好了后再来"，给顾客一种被驱逐的感觉，只要导购一说出这句话，顾客为了避免留在原地的尴尬，就只有顺着台阶离开门店了。

实战策略

做零售培训十多年，接触过各种行业的顾客，我发现，无论是家居建材行业，还是通讯、珠宝等行业，大凡顾客都有一种"做好人"的心理，也就是说，顾客一般不愿意直接拒绝导购，他觉得这样会让导购难受，自己也会觉得不好意思，所以经常会以"与老公商量一下""再比较一下""我再考虑考虑"等语言来为自己的离开找一个巧妙的借口。

当然，这只是其中一种拒绝心理，并不排除有的顾客确实希望多方比较后再做决定，这类顾客大多因为购买信息不透明，或者对购买决定没有信心等。所以作为导购，首先要知道顾客到底属于哪种类型，也就是说要知道顾客离开的真正原因。可有许多导购一遇到类似情况，要么不着边际地重复介绍，要么机械地强调优点，要么就是无言以对，显得非常被动、消极。其实，只要我们从以下3个方面来分析和处理此类问题，就可以大大提升店铺的业绩。

1. 找原因施压力，刚柔并济。大量的门店销售案例告诉我们，面对顾客的异议，无论是借口还是真实拒绝，采取不作为的方式只会让顾客轻易逃脱，从而令我们前功尽弃。此时，如果导购适当给顾客施加压力，可以变被动为主动，找到顾客离开的真正原因，最终有利于快速促单。但导购一定要把握好压力点，压力太大会让顾客讨厌你，太小则起不到任何作用。建议各位：巧妙地询问顾客到底在考虑什么，是什么让他如此犹豫。

2. 对症下药，推荐立即买。不成熟的销售一遭到顾客拒绝就会立即处理，其实这样做往往会让我们的处境更加被动。我建议各位先锁定顾客的全部异议，比如："王姐，除了××，其他方面您都还满意吗？"如果顾客的回答是肯定的，则立即断掉顾客的后路："那好，王姐，我能不能这样理解，只要××没问题，是不是您今天就可以决定了呢？"只要顾客表示认同，则立即处理异议，然后积极推动顾客成交。

3. 增加顾客回头率。当顾客在店里时，我们可以去影响并激发他的购买欲望，一旦他离开店铺，我们就鞭长莫及了。所以，我们千万不要轻易让顾客离开，要抓住一切机会做销售。当然，如果你按上述所说的去做了，顾客还是想到其他地方比较一下或与家人商量商量，你也应该理解，此时不可再强行推荐，否则会让顾客感觉不舒服。但我们一定要设法提高顾客回头率。根据本人的研究，顾客一旦回头，其购买的概率为70%。如何提高回头率呢？我们可以从两个方面来做。

给面子：如果不给面子，顾客即使喜欢也不会回头，因为回头就意味着顾客的软弱，他会觉得没面子。有一句话，我在全国各地授课的时候经常说："当顾客买东西的时候，我们要对他好；当顾客不买东西就离开的时候，我们要对他更好！"此时，顾客往往会带着歉意和愧疚离开，如果你的东西确实性价比不错，顾客比较过后回来的可能性将大增，因为没有几个人愿意让自己生活在愧疚之中，你说是吧？

给印象：顾客离开后会逛很多店，看许多同类品牌，导致对我们的品牌印象模糊，这非常不利于提高顾客的回头率。所以在顾客离开前，我们可以再次简洁地强调货品卖点，一定要给顾客留下深刻而美好的印象。

其实，顾客除了说"考虑考虑"，还会有其他类似的异议，比如"我再看看""我和老公再商量一下""我改天带朋友来帮我看看"等。由于篇幅有限，这里不再详述，各位如果感兴趣，可以关注我的公众微信号，了解更多详细内容。

话术模板

话术模板A

　　导购：王姐，您有这种想法其实也可以理解。毕竟一万多块钱呢，肯定要多考虑一下。这样好吗？王姐，您在这里坐一会儿，我再给您介绍几款，您可以再多看看，多比较一下，这样考虑起来才会更加全面……

> **点评**　首先认同顾客这种说法的合理性，争取顾客的心理支持，然后以此为跳板，顺理成章地为顾客介绍其他几款货品，目的是延长顾客的留店时间，了解顾客的真实需求，并为建立信任打下基础。

话术模板B

　　导购：李姐，您要再考虑一下也很正常，换成我也会这么做。请教一下李姐，您现在主要考虑的是……？（沉默、微笑并目视顾客，引导对方说出顾虑）谢谢您的坦诚，请问除了……，您还有其他顾虑吗？

　　导购：（如果顾客说没有）李姐，我可不可以这样理解，只要××没问题，您今天就可以定，是吗？（如果顾客认同，则立即处理××问题，然后开单促成）

　　导购：（如果顾客反悔了）李姐，如果您实在想再考虑一下，我也能理解。不过这款产品真的很适合您，并且现在买也非常划算，您看它的款式……，它的色彩……，还有做工……，库房现货也不多了，您家装修进度也差不多了。您看这样好吗？我现在暂时先给您保留起来。

> **点评**　首先用稍带压力的方式引导顾客说出自己拒绝的真正

原因，然后处理其拒绝点后立即引导成交。如果顾客确实想再比较一下，就适当后退一步，但一定要为顾客回头埋下伏笔。

顾客买东西时要对他好，顾客不买东西就离开时要对他更好。

> **延伸链接**
>
> ## 感动顾客的两个关键时刻
>
> 各位，什么时候是感动一个女人的关键时刻？不是刚追求她的时候，而是追到她以后，并且时间越长，她的感动越深。
>
> 其实顾客也一样，感动顾客的第一个关键时刻就是：顾客购买东西时要对他好，顾客不买东西就离开时要对他更好。顾客购买的时候你对他好，他认为是应该的，因为你希望他买你的东西；可当他不买，决定离开的时候，如果你可以做到比刚开始接待的时候更好，他就会非常感动。
>
> 感动顾客的第二个关键时刻是：顾客付款前要对他好，顾客付款后应该对他更好。顾客在购买前往往在心理上处于优势，购买后处于劣势，而我们刚好相反。所以，如果我们可以调整自己的行为，做到购买前对顾客好，购买后对他更好，顾客就会觉得我们是真的对他好。
>
> 总之，售前服务只能让顾客满意，而要感动顾客一定是在售后。让顾客感动，一定要做些超出顾客意料之外的事情，因为这些事情往往是其他导购做不到或者做不好的，这样会让顾客更容易感动，只要顾客一感动，他就可能成为我们一生的朋友。

4. 顾客进店后东看看，西看看，我们建议顾客体验一下产品，但他怎么都不热心

现场诊断

各位是否有过这样的经历：顾客进店后东看看，西看看，走得不紧不慢，好像对什么都没有兴趣，偶尔翻翻价格标签，这里摸一下，那里拍一下，但是当你去介绍货品，准备引导顾客体验的时候，他却一副爱理不理的样子。

其实，有经验的导购都明白：如果顾客体验我们的货品，就会停留更久的时间，从而增加对货品的好感，让我们有更多的销售机会。所以，在销售过程中积极引导顾客亲身体验货品的优点特别重要。但也有不少导购会说："王老师，现在的顾客越来越主动，根本不听我们的建议，怎么办呢？"确实，这种现象现在非常普遍，这源于品牌越来越多，顾客选择的自由度越来越大。但有一些导购在接待顾客、建议顾客体验货品时表现出来的一些不专业和不自信的行为也非常普遍。

〔错误应对1〕进来看看嘛。
〔错误应对2〕这是我们的新品，它用的是……
〔错误应对3〕这个也不错，您可以看一下。

"进来看看嘛"和"这是我们的新品，它用的是……"，这两句话几乎成了中国零售门店销售中老生常谈的经典用语，有的导购只要看到顾客

进店，或者开始触摸货品，就这么大声招呼，让顾客听得耳朵都起老茧了。"这个也不错，您可以看一下"，这句话让顾客感觉导购缺乏专业，企图心太强，只要顾客看什么就说"这个也不错"，导致顾客不信任导购的推荐。这些不合适的表现，会导致顾客不把导购的建议当回事儿。

实战策略

我一直认为，做门店零售，不管市场如何变，有一样东西应该一直不变，那就是在服务中要有创新意识，不能总是用一成不变的方式去应对千变万化的顾客需求，服务越来越挑剔的顾客。要想在竞争激烈的零售市场争取更大的市场占有率，就必须在很多细节上做得与竞争对手不一样。其实，顾客之所以不愿意体验我们的货品，可能觉得太麻烦，或者怕东西不适合，担心体验后不好意思不买。所以，我认为导购如果希望顾客深度体验货品，可以创新性地把握如下几点：

1. 把握时机，真诚建议。顾客面对琳琅满目的货品，也会有一个初步接触浏览，然后捕捉兴趣点的过程。一个有经验的导购此时应该用心观察顾客的衣着打扮，尤其是顾客浏览货品时的肢体动作，比如他看了哪些货品，这些货品在品类、款式、颜色、价格或材质等方面有什么规律，他看不同货品时的神态有何变化，在不同货品前停留了多长时间等。我们要通过这些来判断顾客大致的兴趣点，并锁定顾客感兴趣的货品，然后做简单询问后再建议体验，这样效果才会更好。

可现在的情况是什么呢？我发现很多导购只要看到顾客的手放到某款货品上，甚至顾客只是走到某款货品前，就开始喋喋不休地介绍，接着马上建议顾客去体验，效果自然不会太好，因为顾客对货品很可能还不是很有感觉，配合你的可能性自然会降低。

当我遇到这样的导购时，我经常问他们为什么那么急于介绍货品并引导体验，他们多半会告诉我："王老师，如果不快速介绍并引导体验，我怕顾客一下子就走了。"其实，这种想法是有问题的，试想：如果一个人真的喜欢你，他不可能连等你5分钟的时间都没有。当然，如果他不喜欢你，那你的表白再快速直接也没用。所以，找准顾客的核心兴趣点后再去介绍并引导体验最为关键。如果你介绍了错的货品，说的都是顾客不想听到的，那么说得再多再快都没有作用。

2. 专业自信，给出理由。看准了顾客的核心兴趣点或者意向货品后，导购再用自己的专业知识对货品进行有针对性的推介，这样才可能获取顾客的信任。只要顾客信任了，导购建议体验的成功率才会更高。需要注意的是，我们在给顾客推荐货品时，一定要适当兴奋和自信一点，而且尽量通过肢体动作来推动顾客体验，比如直接拿出货品递给顾客，或者用手势引导顾客走近货品。当然，如果我们能找到一个让顾客非亲自体验不可的理由，效果会更好。比如，我们可以这样说："王姐，这套产品真的很适合您，卖得也特别好。当然了，到底适不适合，也不能光我说了算，您得自己体验一下，来，王姐，您先坐一下……"

3. 缓解压力，学会坚持。此时，如果遇到顾客犹豫不决，也是正常的，作为导购不可以轻易放弃，也不要强势引导。我建议各位可以先对顾客说"买不买没关系，先了解一下嘛"以缓解顾客的压力，让顾客没有心理负担，同时再次给予充分理由，以鼓励顾客体验。比如："王姐，就当看着玩嘛，我们绝对不强迫顾客买不喜欢的东西，您放心吧！"

4. 真诚探询，重新推荐。销售不是无所不能的，如果你做了自己该做的事情，可是依然没有成功，此时最好的办法不是强行进攻，这种强攻不叫"坚持"，只能算"固执"。正确的做法是以退为进，此时的撤退不是失败，而是一种智慧。所以，如果你两次建议顾客体验都遭到拒绝，根本没有必要建议第三次，否则就会让顾客有反感情绪。此时，导购可以通过真诚的探询来了解顾客的真实需求，为重新推荐做好准备。比如："王姐，我发现您对这款产品不是很有兴趣，请问，您觉得哪里不合适？没关系，您告诉我吧，我一定会帮您找到一款最喜欢的。"

话术模板

话术模板A

导购： 王姐，这款沙发是我们今年的最新款，尤其是它的靠背，设计得非常舒服。光我说舒服不顶用，您不妨先试坐一下吧……

导购： （如果顾客还不动）王姐，沙发是拿来坐的，我说得再好，如果您不亲身感受一下也看不出效果。王姐，您买不买没关系，我们从来不强迫顾客买不喜欢的东西，您放心吧……

> **点评**
>
> 如何引导顾客亲身体验，是许多门店销售人员头疼的问题。该话术模板首先肯定顾客的眼光，然后以专业自信的口吻建议顾客体验，并且用自己的肢体语言很坚决地引导顾客试坐。在遇到顾客拒绝体验的时候也没有放弃，而是继续自信地告诉对方体验的理由，并再次顺势引导体验。整个过程自然、流畅，让顾客有"不试都不好意思"的感觉。

话术模板B

导购： 姐，您看到的是我们这个季度卖得最好的新款，它采用××技术工艺，导入××材质功能，非常受白领女性欢迎。当然，光我说好还不行，您自己觉得好才是最重要的。姐，来，您自己来感受一下就知道了……（引导顾客体验，比如摸手感、掂重量、闻味道等）

导购： （如果顾客不配合）姐，其实您今天买不买没关系，不过我是真的想为您服务好。请问姐，我刚才的介绍是不是有什么问题，还是您根本不喜欢这款呢？您可以告诉我吗？（如果顾客说不喜欢，则转入询问后再推荐的阶段）

点评

认同顾客的选择,并用兴奋的语调营造热销的氛围,然后迅速引导顾客亲自体验货品的优点,遇到阻力时真诚询问原因并寻求顾客的意见,从而为再次推荐做准备。

不是顾客不想体验,是我们没有正确引导顾客。

延伸链接

高盈利门店经营六大维度

门店经营要赢利,但最后是否赢利取决于门店的综合竞争力。那么如何打造门店综合竞争力呢?其实,门店综合竞争力的提升是一个系统工程。可以这么说,一家门店在开业伊始,其能否赚钱赢利基本上就已成定局了。具体而言,我认为,高盈利门店经营至少有以下六大维度值得各位加以注意。

1. **目标顾客**。店铺没有人气就必然没有财气,所以店铺经营者首先要明白你的生意目标对象到底是谁,你要赚谁的钱。找到可以给你带来最大价值的顾客群体,并且在经营策略与产品策划上尽可能与目标顾客保持一致。

2. **产品合适**。确定目标顾客后,经营者要根据其喜好、习惯、价值观及购买特点等确定引进产品的功能、风格、款式及价位等,最大可能地满足目标顾客的需求。

3. **便宜为王**。便宜即为顾客提供购买的"方便"及购物的"适宜"。因为顾客购买其实也会有精力、时间及交通等成本,许多顾客将购物过程中的体验作为重要的购买依据。所以，作为经营者要尽可能降低顾客的购买成本，让顾客的购买过程变得更加舒适温馨。

4. 促销点缀。虽然我不主张过度促销行为，因为我觉得一个店铺如果只是靠促销来经营，老板会很辛苦，员工会很累，店铺也没有竞争力。但促销的确是迅速积聚门店人气并提升店铺业绩的有效武器，只是促销一定要讲究艺术。不好的促销不仅徒劳无功，而且会降低店铺竞争力；好的促销要首先细分市场需求，找准产品卖点，并将两者适宜地结合起来。

5. 价格无敌。价格是终端销售最敏感的武器之一。店铺经营者一方面要学会在不同阶段或者根据不同情况制定不同的价格策略；另一方面，也要学会对货品的价格组合做适当调整，使自己的店铺具有更大的竞争力。

6. 关系营销。在中国做生意，其实就是做关系。我认为老板至少要做两个圈子。首先要建立好外部圈子，即处理好店铺和公司之间、店铺和竞争对手之间、店铺和客户之间，甚至店铺和工商税务之间的关系，这些关系处理好了，才有利于店铺的持续发展。其次要建立好内部圈子，处理好内部员工与老板之间、员工与员工之间的关系，如果内部圈子不满意，顾客自然不满意，最后店铺的业绩也很难有满意的结果。所以，门店的经营者一定要维护好与相关利益方的关系，广结善缘。

5 好的嫌贵，给他推荐实惠的特价款，他又对质量不放心

现场诊断

为了替父母装修新房，我来到成都某家居建材门店选购家居产品，亲眼目睹了瓷砖专卖店的导购接待顾客的情景。顾客是一个戴眼镜的中年女士，店员可能觉得她属于经济消费型顾客，连续给她推荐了几款特价产品，但是顾客对货品老是抱着怀疑的态度，嘴边老挂着："怎么这款打折这么厉害？是不是质量有什么问题啊？"店员则片面强调东西没问题，但顾客就是不相信，搞得店员很无奈，最后不了了之。

其实，顾客表面上是怀疑货品的质量问题，实际上是对导购不信任。所以处理好这个问题，关键是恢复顾客对导购的信任。很显然，简单空洞、直白性的语言介绍难以取得顾客真正的信任。

〔错误应对1〕您放心吧，质量都是一样的。
〔错误应对2〕都是同一个牌子，不会有问题。
〔错误应对3〕都是一样的东西，怎么会呢？
〔错误应对4〕如果您不信，那您自己看着办吧。

"您放心吧，质量都是一样的""都是同一个牌子，不会有问题"以及"都是一样的东西，怎么会呢"，这3种回答缺乏依据，并不能消除顾客的疑虑。"如果您不信，那您自己看着办吧"，回答缺乏底气，相当于

导购已经放弃了努力，这一方面加深了顾客的怀疑，另一方面顾客本身就很犹豫，导购这么一说，只能让顾客更加徘徊，从而降低成交率。

实 战 策 略

接待这类质疑货品品质和功能的顾客，千万不能急躁，一定要有耐心，用自己的真诚态度和有力证据说服顾客，获取他们的信任。事实证明，这种情况如果处理得好，成交率通常很高。所有的门店销售人员都需要谨记：当我们行为坦诚、语言真诚，并且表现出敢于负责的样子时，通常很容易取得顾客的信任！

可能导购会问："王老师，那我到底应该怎么做呢？"我个人建议下次遇到这种顾客时，我们可以首先认同顾客的感受，以获取顾客的好感，比如你可以说："王姐，您有这种感觉也很正常。说实话，我前几天也遇到一位顾客，看到这款货这么实惠，他一开始也有和您一样的顾虑。"然后立即给顾客提供特价的理由，比如店庆、商城活动或清库等，你可以说："不过，王姐，这几款货品之所以这么实惠，是因为商城十周年庆，要回馈消费者，强行要求我们必须拿出几款产品来做特价，平时比这个价格要贵至少30%呢。"紧接着，我们不妨适当公开特价款的一些无关紧要的缺点，再立即转移到货品的优点上来，这样通常容易获取顾客的信任。比如你可以说："这几款产品呢，款式相对没那么时尚（或颜色相对保守一点），不过这也因人而异，有些人喜欢时尚的，有些人喜欢经典的，但质量绝对没有问题，您放心好了。"

话 术 模 板

话术模板A

　　导购：王姐，您有这种顾虑倒也可以理解，不过我可以负责任地告诉您,虽然我们这款产品是特价,但它们都是同一品牌,品质完全有保证,并且现在价格上比以前要优惠得多,所以现在买真的非常划算!

点评 首先认同顾客的顾虑,然后针对顾虑真诚地告之事实,并且强调现在购买的利益,以推动立即成交。

话术模板B

导购:王姐,我们以前也有一些老顾客看到东西这么便宜,一开始也怀疑质量有问题。不过我可以负责任地告诉您,这款特价品之前都是正价货品,只是我们为了回馈老顾客,才做特价促销,质量以及售后服务都是一模一样的,您完全可以放心地挑选。

点评 认同是个好技巧,遇到不好处理的问题,在解释前使用认同技巧,给顾客一个充分、合理的理由,使顾客感到放心,这样会使导购的说服力大增,然后再给以质量承诺打消其顾虑,顺便可以强调特价品的优点以推动顾客成交。

没有不能引导的顾客,只有不会引导顾客购买的导购。

延伸链接

好人陷阱带来的伤害

美国纽约州发生了一件凶杀案,警方迅速抓到了杀人嫌犯,证人证言一应俱全，无论嫌犯怎样喊冤，都无人相信，可他确实是冤枉的。侥幸逃脱的真凶受到了良心的谴责，于是去向一位神父忏悔，说出事情的真相并且忏悔过后，他的心情果然好了很多。

可是这位神父受不了了，因为听人忏悔的神父必须保守他人的秘密，这是神父的道义秩序，所有神父都必须要遵守。但是这位神父听完真凶的忏悔后，内心受到了强烈的撞击，于是去找另一位神父忏悔，以缓解自己的心理压力。就这样，每个知道这个邪恶秘密的神父都去找另一位神父忏悔，最后，全国的神父都知道了这个公开的秘密。当然，他们每个人都严守忏悔者的秘密，所以法官无法得知真相。

行刑那天，被冤枉的人哭着对前来送行的神父说："真不是我干的……我是冤枉的呀！"神父说："孩子，我早就知道不是你干的。"

这是一个多么无奈的故事。

其实，在我们身边又何尝没有这样的故事发生呢？许多导购每天接待形形色色的顾客，每个顾客的个性、品位及目的都不相同，导购难免受到顾客的漠视甚至语言攻击。我们精神憔悴，我们心里有委屈，我们心灵受伤害，但是我们不能说出来，因为顾客是上帝，我们不可以对顾客发泄情绪，要强颜欢笑；回家后也不能对家人发泄，因为不可以让工作影响自己的生活。久而久之，我们每个人心里其实或多或少都积累了一些消极的情绪，如果找不到适当的管道排遣这些消极情绪，我们的身体和心灵都将受到巨大的伤害。

那我们应该如何排遣这些消极情绪呢？根据我以往的经验来看，店铺管理者要经常关心员工的工作情绪，及时找有情绪障碍的员工谈心，鼓励他们说出自己的心里话，并且对他们多安慰、多关心，适当的时候组织员工相互鼓励打气，多举办团队聚会活动等。总之，利用团队的力量，相互之间抱团取暖，是我们摆脱情绪困境的好办法。

6 你们都说自己的东西好，哪个卖瓜的不说自己的瓜甜呢

现场诊断

好风景家居是成都本地高端实木品牌，王自松总经理多次邀请我为好风景家居讲授从经销商年会到全国巡回培训等各种层级的培训课程。有一次，在河南巡回培训的时候，一个学员提出了这个问题。作为成都人，我服务过很多家具品牌，但好风景家居一直专注于高端实木领域，在西南地区首屈一指，所以他们的终端导购在推荐的时候难免会有些话多。

其实，无论家居建材还是鞋服、珠宝等行业，当我们谈及自己货品的优点时，可能顾客心里或多或少都有类似的疑虑，这是因为顾客对我们所说的话缺乏信任。所以，恢复顾客对我们的信任并适度引导顾客就非常重要。此时，任何简单空洞的回答都无济于事，并且有可能将问题搞得更加复杂。

[错误应对1]如果您这样说，我就没办法了。
[错误应对2]算了吧，反正我说了您也不信。
[错误应对3]（沉默不语，继续做自己的事情）

"如果您这么说，我就没办法了"，这样说显得很不负责任，表面看起来好像无奈，其实很强势，暗含的意思是"你这个人真不讲道理，我对你都没话可说了，简直都不想理你"，让顾客感觉自己很无趣且没面子。

"算了吧,反正我说了您也不信",意思是"你反正也不会相信我说的,所以我都懒得说了"。至于沉默不语地继续做自己的事情,则传递给顾客这样的信息:导购自己觉得理亏,所以默认顾客的说法。

实战策略

不可否认,中国现在的商业氛围确实相对浮躁,无论品牌厂家、代理商、加盟商,还是百货零售业,或多或少都被一些急功近利的商业氛围笼罩着。不排除有些人为了多卖东西而不择手段,将一些本不适合顾客的东西推销给顾客,事后对顾客的投诉也采取不理不问的态度,导致许多顾客对导购的推荐产生不信任感。

处理问题不如防范问题,导购应该为顾客提供真诚的服务。其实,那些真正业绩优良的店铺都是站在顾客角度的,坑蒙拐骗的服务是不可能有真正持续的业绩回报的。当然,如果我们还是遇到顾客的类似抱怨,我建议导购首先要做的就是恢复顾客对我们的信任,若顾客对导购没有信任,导购的任何话他都会怀疑。就本案例而言,导购可以首先认同顾客的感受。认同顾客的感受,绝对不意味着同意顾客的观点,认同是为了更好地说服,然后再将心比心地给顾客讲一些可接受的简单道理,并以事实说服顾客。

话术模板

话术模板A

导购: 李姐,您有这样的顾虑也可以理解。不过请李姐放心,我们卖这个品牌快3年了,绝对不会为了卖东西而拿自己的信誉冒险。我相信我们一定能用可靠的质量和优质的服务来获取您的信任,这一点我很有信心,李姐,也请您放心。

> **点评**
> 首先认同顾客的顾虑，使顾客获取心理上的安全感，进而对我们产生好感，然后再自信地强调我们店铺长期经营的事实，以打消顾客的顾虑。

话术模板B

导购：李姐，您有这样的顾虑也很正常，不过请李姐放心，首先我们的"瓜"确实很甜，其次我在这里都卖了5年多的"瓜"了，如果"瓜"不甜，您还会回来找我的，我何必给自己找麻烦呢，您说是吧？当然，光我说"瓜甜"还不行，您自己亲自尝一下就知道了。来，李姐，您看……

> **点评**
> 借助顾客的话语，自信地说出我们"瓜甜"的事实，同时轻松幽默地引导顾客体验我们货品的优点。

当顾客不信任我们时，我们要做的不是说服而是恢复信任。

延伸链接

认同——说服顾客的绝佳武器

销售就是沟通，沟通就是传递，传递就是为了说服，说服最后还是为了销售。可到底应该如何增加我们的说服力呢？我走访过不同行业的终端，调研过不同类型的店铺，也观察过成千上万的顾客接待案例，我发现，其实谁都不希望自己被别人简单地说服，尤其是当顾客觉得自己这样做很没面子的时候。即使我们说得再有道理，此时顾客为了维护自己的面子也很难信服你、认同你。所以，导购说服顾客的最好方式不是直接否定顾客或者简单地给他一个解释，而是首先认同顾客。所谓认同，就是以退为进，先附和顾客的观点，让顾客敞开心扉，建立心理支撑，然后再顺势说出我们的观点，这样做通常效果更好。

现实中，许多导购喜欢用直线性思维来说服顾客。所谓直线性思维，就是顾客提出一个问题，我们就直接否定或者直接给出一个解释，顾客问一句我们答一句，这种沟通方式极大地降低了说服的力度，而且有驱逐顾客的意味。比如顾客问多少钱，我们就报价，顾客说贵了，我们说不贵，顾客问少不少，我们说不少，这些其实都是直线性思维，我们门店里每天都有很多导购用类似方式在与顾客沟通。我想说的是，如果我们这样与顾客沟通，我们的业绩不可能太好，因为那些业绩优良的店铺，他们的员工会用大量的认同替代直线性思维的沟通方式。

所以，我建议各位，日后无论顾客提出何种问题，尽量首先养成认同的好习惯，然后再尝试说服顾客。那到底怎么做才是认同呢？根据我在门店实地带教的经验，我总结了以下几句话，希望各位熟练背诵，并且在日后与顾客沟通时多多去说："李姐，您说得有道理。""李姐，您这个问题问得非常好。""李姐，我们以前也有许多老顾客提出过这个问题，他们觉得……""李姐，我一开始也这么认为，感觉到……""李姐，您有这种担心其实也可以理解，如果是我也会这么认为……"

7 顾客喜欢,也想买来送给朋友,但突然说改天把朋友带过来再决定

现场诊断

中国是礼仪之邦,为了向亲朋好友表示感谢,向身边的亲人表达爱意,人们通常会通过礼品寄托情感。由于受礼人不在店里,所以送礼人购买时表现出犹豫不决也可以理解。但我们不能任由顾客离开,此时帮助顾客果断决定才是最佳的选择。

各位在卖场一定也遇到过这种事情:我们好不容易帮顾客把东西选好了,顾客也很满意,正准备开单,突然顾客反悔了,说要带亲人或朋友过来看看。怎么办呢?我们要不要让顾客离开,然后苦苦地等他回来呢?如果真的这样做,我们等到他回来的可能性大吗?我的答案是:千万别等,他不回来的可能性大!

[错误应对1] 现在不买,过几天可能没有了。
[错误应对2] 您现在买,可以享受今天的活动价。
[错误应对3] 您现在买,可以给朋友一个惊喜。
[错误应对4] 那好吧,您改天把他带来吧。

"现在不买,过几天可能没有了",没有提供明显的事实依据,顾客可能会认为这是导购在故意施加压力,一旦顾客感觉到导购是在耍把戏,那么顾客会表现得更加心不在焉。"您现在买,可以享受今天的活动价",好像顾客买东西就是为了贪图便宜,说服顾客现在买的理由不够充

分。"您现在买,可以给朋友一个惊喜",很多终端导购都会这么说,看似很有说服力,但缺乏足够的压迫性。"那好吧,您改天把他带来吧",这相当于我们放弃了开单的努力,可能刚好顺着顾客的意思,并很自然地将顾客赶出门店,会降低了店铺销售业绩。

实 战 策 略

此时我们最需要做的,就是让顾客把东西带回去。因为,如果顾客把东西带回去了,他回来换货的可能性不大,因为麻烦呀!但如果顾客今天不把东西带回去,他过几天回来买的可能性也不大,因为再回来也麻烦呀!所以,我们要明确方向,就是今天先把东西卖给顾客再说,这样我们才更加主动。

销售做的是心理,成交靠的是引导。我们应该如何引导呢?其实顾客为亲朋好友买礼物,是始于对他的爱,目的是让他更爱自己。导购人员应该把握这个心理,引导顾客说出现在不能立即决定购买的原因,然后打消顾客的顾虑,用利益策略来打动顾客并推动立即购买。

话 术 模 板

话术模板A

导购:王姐,您还有什么顾虑吗?(顾客说出想法,比如担心受礼人不喜欢或不适合等。)王姐,您有这种顾虑其实也很正常,不过王姐,您送这么好的礼物给妈妈,我相信妈妈看到后一定很开心,您说是不是?再说了,假如她真有什么不满意的地方,只要不影响销售,您3天内拿回来换就是了,您看这样成吗?(如果顾客沉默1秒钟,立即开单)那好,王姐,您稍等,我现在给您开票。

> **点评**
>
> 通过提问探询顾客犹豫不决的原因,并且对此给以认同,以获取顾客的好感,紧接着引导顾客联想朋友看到礼物的感觉,并为顾客解除后顾之忧——万一朋友不喜欢,还可以拿来换,让顾客感觉没有理由不现在拿回去。

话术模板B

导购:王姐,您这么关心体贴妈妈,妈妈一定生活得很幸福。不过王姐,如果您改天带妈妈过来,可能就没有这种惊喜的感觉了,您说是吧?所以,王姐,我建议您还是现在拿回去,如果妈妈真有什么不满意的地方,只要不影响销售,您3天内拿回来换就是了,您看这样成吗?(如果顾客沉默1秒钟,立即开单)那好,王姐稍等,我现在就给您开票。

> **点评**
>
> 首先赞美顾客,并给顾客讲明如果现在不拿回去的缺点,并强力推荐顾客现在拿回去。这种具有很强压迫性的销售方式对于那些犹豫不决的顾客特别有效。

顾客可以犹豫,但我们不可以。

延伸链接

优秀的导购都特别会讲故事

曾有一位河南的读者通过微博询问我:"王老师,有没有什么方法让顾客一下子就相信我呀？"带着这个问题，我观察了很多优秀的导购和店长，看他们在说服顾客方面有哪些值得借鉴的地方，再结合我多年对门店沟通的研究，我发现，大凡优秀的导购都特别会讲故事，尤其擅长讲述那些发生在老顾客身上的案例。

其实，顾客与朋友之间最大的区别就是信任，如何让顾客像朋友一样相信我们呢？除了真心服务顾客，我们如果可以通过其他顾客相似的购买经历来打动顾客。作为顾客，他们可能会怀疑我们的动机，但他们最容易相信其他顾客的话，因为他们都是顾客，是站在一起的人。那些超级卖手利用了顾客的这一心理，他们善于讲一些门店中发生的或真或假的案例故事。各位，回想一下，你平时在工作中，与顾客分享的其他老顾客的案例多吗？

当然，这些案例应该基于事实，凭空捏造的案例没有说服力。所以，导购平时应学会将身边发生的真实案例编写成故事，比如顾客以前购买其他品牌货品的闹心经历，顾客在我们品牌与竞争品牌之间选择的过程，顾客是如何改变自己的购买想法及行为的，也可以选择电视、报纸上的新闻报道。一旦编写出故事后，就要不断演练自己讲故事的能力。只要我们持续训练这种沟通技巧，相信可以在无形中增强沟通的说服力。

8

眼看就要成交，可经过的闲逛客随意说了句消极的话，顾客便犹豫起来

现场诊断

有一次为广东一家卫浴品牌做全国店长培训时，有位学员问我："王老师，顾客对我们的卫浴产品也很满意，都准备下单了，却被闲逛的客人顺口否决了，这时，我们应该怎么做才合适？"经过调研，我发现在不同行业的店铺里，类似问题确实存在，并且可悲的是，我们很多导购的表现也都不尽如人意。其实该问题的处理非常简单，但如果我们用以下方式来处理，我想结果将会变得更加糟糕。

> 〔错误应对1〕哪里不好啦？
> 〔错误应对2〕不买东西，就不要乱讲！
> 〔错误应对3〕不要听他的，他乱说的。
> 〔错误应对4〕拜托你不要这么说，好吗？

"哪里不好啦"，只能引导闲逛客进一步详细说出货品不好的地方，属于一种消极的引导方式。"不买东西，就不要乱讲"以及"不要听他的，他乱说的"，可能导致闲逛客与导购发生争吵，影响导购的专业形象，并且顾客会认为货品真的有问题，否则导购为什么如此生气呢？这将导致顾客的购买热情大大降低。"拜托你不要这么说，好吗"，表示导购害怕闲逛客说出货品存在的问题，给顾客的感觉就是那件货品一定有问题。

实战策略

卖场人来人往，顾客与顾客之间相互品评也很普遍。很多时候，闲逛客的一句话可能成为顾客购买的推动剂，也可能成为顾客离开的导火索。如何处理此类问题确实考验导购的智慧。根据我多年对零售终端的研究，我认为导购应该把握以下3点：

1. 保持平和心态。 任何失礼的语言和失态的行为不仅会将问题复杂化，影响自己在顾客心目中的形象，同时也会让顾客感觉货品真的有问题。

2. 扬长避短巧转移。 我们要有礼有节地接待闲逛客，既让他感觉到我们有些不悦，同时又要给他台阶下，千万不要激怒闲逛客，那样只会让他变得更疯狂。当然，由于闲逛客对销售过程有消极影响，所以也不可与他过多纠缠，更没必要在他身上花太多时间。此时我们可以感谢闲逛客，并立即通过稍有压力的方式巧妙支开闲逛客，这是处理该类问题的关键。

3. 调整重心树形象。 眼前的顾客才是我们工作的重心，而闲逛客不是，因为他成交的可能性显然没有眼前的顾客大。所以，导购在不得罪并支开闲逛客的情况下，可通过提问方式引导顾客转变思维，树立自己的专业形象，并让顾客感觉到闲逛客的观点其实不重要，重要的是自己在使用中的实际感受。

话术模板

话术模板A

导购： 姐姐，感谢您的建议，请问您想看点什么？（用身体挡住并快速招呼闲逛客，然后立即将目光移向顾客，闲逛客知趣离开后）张姐，鞋子穿在脚上舒不舒服，只有自己最清楚，您说是吗？张姐，我在这个行业做了5年多了，我是真心想为您服务好，我绝对不会把不适合顾客的东西卖给顾客，您放心吧，张姐。您看这款产品……（介绍货品优点），您觉得呢？

点评

用一个非常简单的道理引导顾客思维,并且寻求顾客认同,然后把顾客准备购买的货品与简单道理有机连接起来,从而弱化闲逛客的消极影响。

话术模板B

导购:(笑对闲逛客说)姐姐,感谢您的建议,请问您想看点什么?(用身体挡住并快速招呼闲逛客,然后立即将目光移向顾客,如果闲逛客不离开)小王,这位姐姐要买东西,你先接待一下。(同伴过来将闲逛客引开后)张姐,我们不可能让每个人都喜欢一样的东西,您说是吧?其实买东西也是一样的道理。张姐,我在这个行业做了5年了,我可以负责任地告诉您,这款产品非常适合您,您看……(阐述货品的优点)

点评

通过稍有压力的提问,让闲逛客"知趣"地离开,如果他还不走,说"随便看看,我看看××东西",或者干脆不说话,可以通过其他同事的配合,礼貌地将闲逛客支开。

王建四观点

不是顾客不好接待,而是我们没接待好顾客。

> 延伸链接

金牌导购问的比说的多

经常有很多店长导购通过QQ或者微博询问我："王老师，顾客不爱说话怎么办？"其实，我发现很多时候不是顾客不爱说话，而是我们表错了情，说错了话。我们有些终端导购员要么整天都吊个"苦瓜脸"，懒得多说一句话；要么太喜欢说话，恨不得向顾客发表长篇演讲，将自己知道的产品知识一股脑儿全部倒给顾客，丝毫不给顾客说话的机会，结果把顾客给说怕了，顾客对我们失去了兴趣，也就匆忙逃开了。其实，一个优秀的终端销售人员不一定是特别能说的人，而应该是特别善于提问的人。

首先，通过提问可以获取更多的顾客信息，从而让自己更好地为顾客推荐产品。所以在顾客进店时，导购一定要找到切入点，迅速与顾客建立语言联系，最好的方式就是先问一些压力不太大并且便于回答的问题，让顾客打开心扉。比如："您是第一次来我们店吗？""您以前知道我们这个品牌吗？""您以前有用过我们的东西吗？"我在全国各地授课及进行门店调研时，经常看到我们的店铺人员在顾客进店后开口就问："先生，您要买家具吗？""姐，需要我服务吗？"这些问题让顾客感觉压力太大并无从回答，顾客只能说"随便看看"或者干脆不理睬我们。尽管如此，依然有很多导购每天都在努力且认真地坚持做着这样不正确的事情。

其次，通过提问可以引导顾客思维。人是怎么想的，他就会怎么做。所以，如果我们要顾客采纳我们的建议，那我们必须首先转变顾客的想法。人是很难被别人轻易说服的，除非他自己转变想法。所以最好的方式就是通过提问引导顾客自己思考，并得到一个有利于我们的答案。比如，许多顾客成交前都会提"降价问题"，好像价格是影响他们是否购买的唯一重要因素。当然，这个问题是利于顾客而不利于销售方的，所以，我们就要想办法转变顾客的思维，引导他认识到买东西时，质量、服务、环保及安全性才是最重要的。我们可以这么问："张先生，您认为买家具，价格与质量哪个更重要？"顾客的回答十有八九是"质量重要"或"两个都重要"，而这样的回答对我们是非常有利的。类似案例在销售中还有很多。

总之，在与顾客沟通的过程中，提问是否智慧是优秀导购与平庸导购的分水岭。希望各位朋友认识到这一点，坚决摒弃"一见面就喋喋不休"的坏习惯，真正站在顾客的立场来思考问题，并且在工作中有意识地培养提问的好习惯。

顾客进店后，如何打破你与顾客之间的沟通坚冰

9 导购介绍完货品后，顾客毫无感觉，什么也不说就转身要走

现场诊断

各位是否遇到过这种情况：你给顾客介绍货品，他根本不愿意听，即使勉强听一下，还没有听完就要走。为什么顾客老对我们的货品没有感觉呢？我们应该怎么做才能让顾客对货品感兴趣？如果在工作中遇到这类顾客，我们又应该怎么做？

许多导购都觉得这个问题挺烦心，摸不透顾客心里到底怎么想的，不知道自己到底哪里没有做对。其实，很多时候，聪明不等于智慧，能说不一定会说，导购在接待顾客时切忌自说自话，这种喋喋不休的服务会令顾客讨厌。可我们身边不乏这样的导购：不从自身寻找原因，总是找顾客的错误来证明自己没有问题，以此原谅自己并让自己不断地重复错误。

〔错误应对1〕好走，不送！
〔错误应对2〕这个很不错呀。
〔错误应对3〕先生稍等，还可以看看其他的。
〔错误应对4〕您如果真心要，可以再便宜点。
〔错误应对5〕您是不是诚心买呀，看着玩啊？

"好走，不送"，导购说这句话的时候，绝大多数情况下是带着一些不满情绪的，这样的语言和语气会让顾客感觉受到嘲讽和侮辱。"这个很不错呀"，导购说这句话时，顾客已经转身离开了，可导购仍然说不错，纯属无稽之谈。"先生稍等，还可以看看其他的"，如果导购抓不住顾客的需求点，这样的介绍做得再多也没有什么意义。"您如果真心要，可以再便宜点"，希望以降低价格来打动顾客，这么做并不可取。"您是不是诚心买呀，看着玩啊"，导购要会找自己的问题，不能遇到问题就挑剔顾客，以原谅自己的过错，而且这种语言将激怒顾客并引发争执。

实战策略

大自然地板的一家店长在微信公众号上给我留言："王老师，我应该怎么做才能让顾客说话呢？"是呀，导购最怕顾客不说话，顾客不说话，我们就不知道他想要什么，就拿他没办法。不过根据我对建材门店的调研，我发现，其实不是顾客不说话，是我们没有给顾客说话的机会，因为我们说得太多了。

各位，不知道你们发现没有，那些真正卖得好的超级店铺，他们的导购在接待顾客时不是说得多，而是问得好。我们可以问问自己，平常接待顾客时是说得多还是问得多呢？

所以，我在给很多家居建材企业授课的时候，经常反复地说："导购一定要管好自己的嘴！一定要去做顾客希望你做的事，说顾客喜欢听的话，切不可随心所欲地做事，信口开河地说话。"说出去的话就好像泼出去的水，如果只图眼前舒服，逞一时口舌之快，只会招致更大的损失。

就本案例而言，导购首先要检讨为顾客介绍货品的时机是否合适。一般而言，当货品引发顾客兴趣时，导购介绍的成功率更大。那如何引发顾客的兴趣呢？我的建议是：千万不要和顾客一见面就谈产品，尽量采用提问技巧——先塑标准后推产品。这是很多家居建材门店的超级导购们都不愿公开的货品介绍秘籍。使用这样的方法，先要通过提问了解顾客需求，然后真诚地与顾客探讨如何选择一款适合的产品。此时千万不要提及你的货品。其实顾客非常喜欢听我们貌似不带商业色彩的"布道",一旦顾客接受了我们塑造的标准,并且双方业已建立一定的信任,我们再去推荐产品,成功率就会高很多。

如果时机没有问题,但导购还是遇到顾客转身就走的情况,那又该怎么做呢?我建议导购要反省一下自己是否在针对顾客的真实需求进行介绍。导购可以真诚地道歉,主动承担起推荐失误的责任,再次真诚地询问顾客,以求得为顾客再次服务的机会。

话术模板

话术模板A

导购:姐姐先别急着走,请问这几款产品,您是都不喜欢呢,还是我的服务没做好,您可以告诉我吗?

> **点评** 简洁的语言,不卑不亢地请教顾客,通常可以获知顾客离开的真实原因。

话术模板B

导购:姐姐请留步。真是抱歉,刚才一定是我没有介绍到位,所以您都没有兴趣继续看下去。不过,我真的非常珍惜为您服务的机会,我再重新帮您找一款产品好吗?哦,对了,姐姐,请问您……(重新了解顾客需求)

> **点评** 导购主动从自身寻找原因,以求得顾客的谅解,然后重新了解顾客需求并再做推荐。

销售高手不愿公开的秘籍——先塑标准后推产品。

延伸链接

终端导购：请引导顾客关注价值

市场竞争的实质就是企业实力的竞争，而企业竞争力的强弱通常体现为企业产品给顾客带来的价值大小。顾客购买的内因是货品的价值，但影响顾客购买的外在因素则为价格，价值高并不代表顾客一定就会购买，因为价格可能超出顾客的预期，或者是价值并没有被顾客所认可和感知。所以，能否将产品价值传递到顾客心中，并让顾客真正认识到产品的价值，是企业或销售方最重要的事情之一。

海尔总裁张瑞敏说过，目前的产品和企业竞争归根到底不是价格竞争，而是综合实力的竞争——质量、个性化设计、品牌及服务的竞争。事实也确实如此，价格并非是吸引顾客的唯一决定性因素，也不是最有效的因素。一件货品如果真的物有所值，就会得到顾客的认可。

企业不要打价格战而要打价值战，最终目的是满足顾客的个性化需求。以最快的速度整合自己的所有资源，以便最大限度地满足顾客的需求。这就是价值战的打法，也是企业最核心的竞争力所在。

当然，要打好价值战，首先要求企业有过硬的产品质量，否则价值战就成了无源之水、无本之木。其次，企业必须具备强大的产品研发能力，以满足市场个性化的需求。再次，企业必须不断加强品牌建设力度，完善品牌知名度与美誉度。最后，企业必须建立快速、完善的服务体系，没有好的服务，再好的产品都只能算半成品。

10 顾客进店后看了看说：东西好少呀，感觉没什么好买的

现场诊断

方太是中国的一个高端厨电品牌，也是一家非常崇尚传统文化的企业。本人去年有幸应公司营销总裁陈总的邀请，为公司营销团队授课。课后，公司的培训督导向我说起了这个问题。厨电门店本身的产品品类确实不如地板、瓷砖等建材品牌多，所以有些顾客一进来发现就那么几个产品，会提出类似问题也很自然。

各位是否遇到过这样的顾客呢？店里产品本身不少，甚至明明货堆如山，可顾客却说东西太少了，没什么好买的。我们的导购心里当然委屈极了，于是有的导购就会与顾客理论。这种情况其实不能也没有必要去争个明白，如果非要争个输赢，最后吃亏的不是别人，只能是我们自己，因为与顾客争论，我们永远都是输家。

〔错误应对1〕新货在路上，过两天就会到。
〔错误应对2〕已经卖得差不多了。
〔错误应对3〕怎么会少呢，够多的了。
〔错误应对4〕这么多东西，您买得完吗？

"新货在路上，过两天就会到""已经卖得差不多了"，等于告诉顾客我们现在货品确实很少，没有什么好选的，属于消极的语言表达。"怎么会少呢，够多的了"，给顾客的感觉就是，要么导购睁着眼睛说瞎话，

要么顾客自己睁着眼睛说瞎话，无论是谁睁着眼睛说瞎话，反正顾客都感觉不舒服。"这么多东西，您买得完吗"，则给了顾客当头一棒，属于攻击性语言，其结果多是顾客与你大吵一架后扬长而去。

实战策略

其实很多时候，如果你认为这是个问题，那么它就是问题，如果不认为它是问题，那么它就可能变成机会。只要我们主动消灭问题，问题就会越来越少，我们离成功也就越来越近。所以，我们不要抱怨问题，而要去主动寻找并解决问题，这直接决定了我们离成功的距离！

但我发现有些导购在解决问题时，不喜欢用认同的语言与顾客沟通，他们以为直来直去地表达自己的想法就是坦荡，以为不拐弯抹角就是真诚，以为这样就可以将东西卖出去，结果虽然他们在与顾客的"真诚和坦荡"的战斗中每次都大胜而归，但门店的业绩却一落千丈。

就本案例而言，导购可以先给足顾客面子，如果我们让顾客感到丢了面子，那即使你说得再有道理，顾客也不会接受。所以，导购一定要学会将话说圆，并且自然过渡到创造好的销售机会，最后水到渠成地切入到推荐建议。

话术模板

话术模板A

　　导购：感谢张姐对我们的一贯支持，张姐不愧是我们的老顾客，一眼就看出来了。不过张姐，我们的每款货都经过精心挑选，我相信一定有一两款适合您，请问张姐您……

> **点评**
>
> 如果是我们的老顾客,可以先感谢顾客的支持,并将话锋一转,过渡到我们的货品"样样精品",然后顺势用提问技巧询问顾客需求,分散顾客注意力。

话术模板B

导购：您说得有道理,我们这儿的款式确实不是很多,不过每款都是精品,因为我们老板坚持宁缺毋滥的原则,请问您是想看……,还是……

> **点评**
>
> 如果是陌生顾客,我们可以先认可顾客的说法,然后顺势引导顾客看到我们的优点,接下来再将顾客的注意力引导到我们的产品上来,这才是一个正确的导购方向。

王建四观点

顾客是天使还是魔鬼,这完全取决于我们是怎么做的。

延伸链接

别以为零售门店经营没有学问

现在社会上越来越多的人跃跃欲试,想开个小门店做份小生意,他们觉得只要自己肯努力,机会好,就可以轻松赚钱。其实,经营门店就与经营企业一样,也有许多学问。我总结了一下,发现开店做生意的老板大致有三种境界：第一种,先知先觉者,能预见未来,做人未做之事,事事得先机；第二种,后知后觉者,做生意辛苦,做事情被动，每天都在模仿山寨中；第三种，不知不觉者，每天都在抱怨生意难做、老天不公，他们不知道人家为什么赚，更不知道自己为什么赔。

各位可能都知道，麻雀喜欢成群结队，只要发现有点食物，就一哄而上，争而食之，结果不少麻雀白费功夫，劳而无食。在市场竞争中，有不少商家也热衷于打"麻雀战"：看到别人经营服装赚了钱，心里就痒，不争而食之就难解心中不快；看到隔壁开了个家纺店挺赚钱，又蠢蠢欲动地想争吃这碗饭。还有许多经营者不加分析与论证，就依葫芦画瓢，这与"麻雀战"无异，其结果自然可想而知，最后搞得千人一面、千篇一律，弄得大家都争而无食。

其实，竞争也要讲究战略战术，不可盲从。在这里，我要提醒零售门店经营商家，可以效仿但不可以尾随。须知，在激烈的市场竞争中，应该用的是"老鹰战术"。老鹰翱翔蓝天，俯瞰大地，居高临下，视野开阔，发现目标便一举捕之。经商做生意也一样，最忌讳一哄而起，讲究的是独辟蹊径，敢于开拓，创出个性与特色。

11 夫妻或情侣双方在购买时产生分歧，甚至有些不愉快

现场诊断

家居建材及家电、汽车等属于耐用消费品，买回去之后，家庭成员会经常使用，所以一般都是两口子一起去店里选购。由于每个人的价值观和审美情趣不一样，最亲密的人之间出现购买意向差异的可能性也是存在的。

记得前段时间家里装修，我去某店铺选购时，就发现有对貌似夫妻的顾客产生了分歧，还闹得有些不愉快，我们的导购也只是默默地等着顾客自行解决。

各位，你遇到过这种情况吗？如果遇到了，你会选择怎么做呢？

〔错误应对1〕让着点，我们是男人，还是听女的吧。

〔错误应对2〕（不管他们，冷眼旁观）

"让着点，我们是男人，还是听女的吧"，这样偏袒一方的行为可能导致顾客之间更大的冲突。其实，此时应该做到不偏不倚，尽量平静双方的情绪最为关键。至于冷眼旁观，是绝对不应该的，这样会令顾客觉得我们在看他们的笑话，他们会觉得没有面子而扬长而去。

实战策略

夫妻或情侣在选购货品的过程中出现意见分歧，其实也很正常。我们可以推而广之，在父子、母女、兄弟姐妹等之间，都可能会遇到这种情况。此时，最关键的是如何去化解这种局面，及时干预，不能让他们的争执影响到我们的销售。出现这种争执时，导购应该及时劝解，把他们吵架的苗头给掐住。不偏不倚的处理能够缓解双方情绪，引发他们的情感共鸣。

话术模板

导购：王姐，家里装修买东西确实事多累人，两口子出现意见分歧其实也很正常。王姐、张哥，大家都消消气，我们这么做不都是为了这个家嘛，您说是吧？来，王姐先喝杯水吧！张哥，您也先坐一下，逛市场也挺累的。

> **点评**
>
> 首先认同双方的分歧很正常，让他们心理上有个缓冲，然后立即不偏不倚地劝和，比如找到大家的共同点——都是为了这个家，一下子就降低了双方的火气，统一了他们的目的，至于倒水、请坐，只是为了分散他们的注意力。

顾客出现购买分歧很正常，但我们绝不能冷眼旁观。

> **延伸链接**

高盈利终端：选定目标，永不放弃

有一位老师为了说明专注的重要性，叫一名学生上台，让他双手各持一支粉笔，在黑板上用右手画方，同时用左手画圆，结果学生画得一团糟。老师说："这两种图形都画得不像，那是因为分心的缘故。追逐两兔，不如追逐一兔。一个人同时有两个目标的话，到头来可能一事无成。"

这个小故事告诉我们：要成功，一次最好只选定一个目标并咬住不放，锲而不舍。再冷的石头，坐上三年也会暖。所以，不论就业还是创业，一定要选好自己的目标，在选定了目标之后，万万不可操之过急，要勤奋努力，遇到挫折也不放弃。请记住这样一句话：成功最大的障碍是放弃。人生就像爬阶梯一样，必须一步一阶，丝毫取巧不得；只要一步一阶，终必抵达山顶。

这让我想起，零售终端许多问题的产生都源自缺乏坚持。比如，有的经销商同时做三五个品牌，希望以此分散风险，事实上这样却增加了风险，因为他增加了经营的复杂性。试想，连一个孩子都养不好的父母，怎么可能将三五个小孩都培养成人呢？还是投资大师巴菲特说得好，他说自己从来只将所有的鸡蛋放在一个篮子里，然后非常小心地照看好。其实，他强调的就是选定目标后要专注，对于经销商来说，就是品牌忠诚度的问题。在我们身边有许多这样的代理经销商，他们选定目标，永不放弃，结果取得了非常不错的业绩回报。

本章自测题（将你认为正确的一个或多个答案填写在括号里）

1. 当顾客说"我随便看看"的时候，我们应该（　　）

    A. 不要跟随顾客，让他自己去看

    B. 首先要尽量消除顾客的戒备心理

    C. 抓住顾客的注意力并与顾客互动交流

    D. 不管顾客的反应，该说啥就说啥

2. 引导顾客体验货品时应该做到（　　）

    A. 要自信地给出顾客体验理由

    B. 如顾客不愿体验，也不要轻易放弃

    C. 引导体验可以配合肢体动作

    D. 只要建议体验就不达目的誓不罢休

3. 遇到闲逛客出现的时候，我们可以（　　）

    A. 一定要将闲逛客说得心服口服

    B. 将闲逛客支开就好

    C. 不要在闲逛客身上花费过多时间

    D. 不要激怒闲逛客

4. 顾客说："你们卖东西的时候都说得好听，哪有不说自己好的？"这时候，我们可以（　　）

    A. 反正说了他也不信，就不必理睬他

    B. 给他介绍我们产品的优点

    C. 应该理解顾客的这种顾虑

    D. 通过举例的方式帮助顾客树立信心

第2章

在销售中遇到以下问题，你应该怎么办

12

顾客刚进门就问：你们店有没有××款式/风格/材质/功能的商品

现场诊断

各位是否遇到过这种风风火火的顾客？他开口就问有没有××款式/风格/材质/功能的商品，不巧你这里又没有，此时你会怎么做呢？

在给成都好风景家居做终端培训的时候，我到一些店铺做实地带教。我发现，有一部分学员遭遇顾客问到自己店里没有的商品时，往往感到束手无策：说没有吧，相当于把顾客拒于千里之外；说有吧，自己没有这个底气。

〔错误应对1〕对不起，刚卖完。

〔错误应对2〕哦，这个我们公司不生产，我们只有……

〔错误应对3〕隔壁××店好像有，您去那里看看吧。

"对不起，刚卖完"和"哦，这个我们公司不生产，我们只有……"都属于消极性语言，缺乏主动引导顾客朝我们产品靠拢的意识，这样给顾客的暗示就是：我们这里没有，您看着办吧！这样相当于把顾客赶出去。"隔壁××店好像有，您去那里看看吧"，更加错误，表面上看我们是在好心帮助顾客，很实在，实际上却忘记了自己的身份。作为一名销售人员，应该引导顾客认识自己的需求，然后用可以替代顾客需求的产品去满足顾客。

实战策略

顾客进店就指名道姓地要某种商品，无非有两种可能：一是曾经使用过该产品，满意度高，并且建立了一定的忠诚度，此时引导顾客转换需求的难度要稍微大一点。还有一种是顾客虽然没有使用过该产品，但是身边的亲朋好友可能用过，顾客受他们的影响，对该产品产生了浓厚的兴趣，这种情况比较多，相对比较容易引导。

首先，想办法引导顾客进店。如果我们希望引导顾客购买商品，首先要做的就是先把顾客引进店里来。所以碰到此类问题时，一定不要直接否定，我们可以声东击西，或者采用提问的方式引导顾客进店。此时一定要配合有力的肢体动作，比如手势等，将顾客迎进来，否则顾客离开的可能性很大。

其次，引导顾客看到我们产品的优点。因为顾客已经对他点明的商品建立了好感，所以此时千万不要贬低甚至诋毁他喜欢的商品，我们需要做的就是肯定他所说商品的优点，同时阐述我们的产品和点名商品的差异，重点突出我们产品的优点。

最后，一定要鼓励顾客体验。如果我们只是说，可能顾客注意力不会特别集中，要想更长时间地留住顾客，我们一定要主动引导顾客体验产品，并且实地讲解，这样效果会更好。

话术模板

导购：先生，您是想了解××吗？（顾客默认）看来先生对××比较喜欢呀，您觉得××哪些方面比较吸引您呢？（通过提问引导顾客说话）先生，您说得对，××在这方面确实做得很好，不过我们好风景的家具在这方面做得也不错，而且关键是我们在……（强调我们的优点）。这样吧，先生，您既然都进来了，不妨可以比较一下。来，先生这边请！

> **点评**
>
> 首先通过提问引导顾客说出喜欢××的原因，只要顾客说话了，接下来我们就可以围绕着他说的话来介绍我们品牌的优点，并顺势引导顾客进店了解、比较。

顾客不是等来的，而是吸引进来的。

延伸链接

如何提升顾客进店率

一个店铺是否真正有竞争力，不能看生意好的时候如何赚钱，因为生意好的时候，每个店都赚钱，根本看不出高低之分，而应该看生意不好的时候员工们的精神状态和行为表现。其实，越是生意不好的时候，越是店里没人的时候，越应该是我们最忙的时候，这样才可以吸引顾客进店。

那我们到底应该忙什么呢？我认为一定要努力去做一些与营业相关的事情，要处在工作的状态之中，比如打扫卫生、整理货品、做门店陈列等。这样，顾客从外面看到店员忙碌的样子，就会感觉这个店生意不错，自然会被吸引进来。当顾客进店后，我们再从手头上的工作转移到接待顾客上来，这样也会显得更自然。

除了找一些与营业相关的事情来做之外，我认为有一件事情店长一定要去做，那就是组织店员"充电"，尤其是学习货品知识及导购技巧。因为我们知道，越是进店顾客少的时候，越需要提高我们每一单的接待质量，提高成交率，只有如此，才能保证店铺业绩不下滑，甚至有所提升。否则，即便顾客进店，导购一问三不知，也抓不住机会。

各位，顾客进店后，我们应该做的第一件事是什么？许多朋友可能会说：打招呼呗。是的，招呼顾客是我们导购要做的第一件事。但是有些导购，只要看到顾客进来，要么表现得过于热情，恨不得冲上去抱着人家亲两口；要么喋喋不休，直到把顾客说出去了。他们以为顾客进来就一定会买东西，所以说不了几句话就开始介绍东西，或者询问顾客要买什么东西。其实，这样的接待特别容易招致顾客的抗拒。

所以说，招呼顾客虽然时间很短，并且看似也很简单，但我们有很多导购连这些最简单的事情都做不好。那我们应该怎么做呢？这个时候最好的方法是让顾客放松，降低戒备心理。比如，导购可以与顾客聊一些产品之外的东西，也可以寻找顾客的需求点，为顾客提供帮助，还可以通过提问让顾客参与到与导购的面谈中来。

13 你们的品牌就是广告砸出来的，还不是我们顾客买单吗

现场诊断

好风景家居一直邀请李嘉欣做形象代言人，并且在全国各地的媒体上大做广告。所以，终端销售中就遇到有顾客提出了一些新问题："你们请李嘉欣做广告，广告费用还不是我们顾客买单吗？羊毛出在羊身上呀！"

在其他家居建材品牌的培训中，也有学员提出过类似问题。

〔错误应对1〕您要买大品牌，那是要多花点钱嘛！
〔错误应对2〕我们请××代言，您这点钱算什么呀！
〔错误应对3〕这个我就不知道了。

无论顾客提出什么问题，导购一定要明白自己的目的。作为导购，职责就是要引导顾客购买，尤其在顾客提出一些不利于销售的问题时，一定要学会扬长避短，避重就轻，不可以老在不利的问题上纠缠。

对于本案例中的问题，导购要学会把"请代言人增加成本"的不利之处变成"产品品质好"的优点。"您要买大品牌，那是要多花点钱嘛"及"我们请××代言，您这点钱算什么呀"，让顾客感觉自己的提问很幼稚，有可能激怒顾客，而且也没有正面消除顾客的顾虑。"这个我就不知道了"，则纯粹属于不负责任的解释，不利于引导顾客购买。

实战策略

门店销售中什么事情都可能发生，关键是我们在面对随时可能发生的任何事情时，要做到张弛有度、收放自如，坦然处之。而要做到这一点，就要求导购明白自己的角色定位，清楚自己到底是做什么的。

确实，名牌产品都需要适当的广告包装，零售成本难免会增加一些。顾客一方面希望买到名牌，另一方面又担心广告费会摊到自己头上。顾客有这种心理其实也很正常。当顾客问到该问题时，导购可以从广告费的分摊比例上来解释，让顾客明白广告费其实只占非常小的部分，或者通过明星代言来侧面证明产品品质，进而引导顾客购买。

话术模板

话术模板A

导购：张先生，为了快速提升品牌知名度，我们公司确实做了一些广告，但我们公司走的是规模化路线，广告费分摊到每套家具上已经非常少了，所以您大可不必担心。请问张先生，您家装修到什么阶段了？

话术模板B

导购：张姐，我们公司确实请了××做代言明星，我想您也知道，××是一个非常有社会责任感的人，她觉得我们的品质确实不错，所以才会选择我们公司作为她在家具行业唯一的代言品牌。虽然这样会增加一些成本，但由于我们走的是大规模生产的路线，所以广告费分摊到每件家具上其实并不多。

点评

这两个话术模板都是在向顾客解释：一方面，广告费分摊比例很小；另一方面，明星代言广告也证明了产品品质。

王建四观点

顾客不配合我们，那是因为我们没有引导好顾客。

延伸链接

如何通过连带销售来提升客单价

各位，如果顾客穿一双拖鞋来买西裤，你觉得把西裤卖出去容易吗？如果现在让他脱下拖鞋换上皮鞋，是不是卖西裤会更容易？说不定顾客会把皮鞋也一起买走呢。各位发现没有？由于我们做连带销售，不仅提升了卖西裤的概率，而且还提升了销售皮鞋的概率，自然也就提升了客单价。

我认为，连带销售对于单店业绩提升的帮助不仅直接而且快速，掌握起来也相对简单。关键是首先要认识到连带销售的重要作用，每个导购都要树立对每个顾客做连带销售的意识。

连带销售确实是提升门店业绩的捷径。在使用该方法的过程中，遇到问题也是难免的。导购要学会解决问题，切不可因为怕麻烦就消极回避连带销售，否则我们失去的可能是让门店业绩提升20%的机会，而这20%是很容易争取到的，只要我们多一点连带销售的意识即可。

连带销售的意识固然很重要，但选择什么东西来做连带销售更关键。记得有一次我买衬衣，一位导购向我连带推荐的产品居然是一套西服。也有的导购向我推荐裤子、皮带之类的。这样的连带销售是否合适呢？成功率会高吗？一般来说，连带销售在选择何种产品来搭配的时候，可以从以下两个方面来考虑：首先，连带销售一定要选择关联性强的搭配品，即选择做搭配性的附加销售时，要考虑到彼此是否关联并且能相映增辉；其次，向顾客推荐连带销售的产品时，要遵循价格递减的原则。如果顾客花3000块买一套西服，导购给他搭配一条300块的领带，只要领带真的可以令西装的穿着效果更好，顾客相对容易接受。而如果反过来，则显得太唐突，顾客接受的概率也不高。

除了要有连带销售的意识，选择正确的产品做连带销售，选择合适的销售时机也很重要。如果时机不当，很容易被顾客拒绝。

以服装为例，一般而言，连带销售的时机选择原则为：选取隐私性物品做连带销售时，应该在顾客进试衣间之前给顾客；用配饰性物品做连带销售时，则应该在顾客走出试衣间后、看到自己整体形象之前给顾客。具体来说，根据这两个原则，如果要给顾客搭配裙子、裤子等隐私性产品，应该在顾客进试衣间前；而给顾客搭配领带、箱包、帽子、手链、围巾等配饰时，则可以在顾客出了试衣间但还没有站到镜子前的时候给他。为了鼓励顾客接受连带搭配，在与顾客沟通的时候一定要减轻顾客压力，让他感觉到不买也没关系。

14 如何才能延长顾客留店时间，让顾客坐下来交流

现场诊断

什么样的顾客最难接待？你遇到过这样的顾客吗？进店后，匆匆忙忙，沉默不语，这里看看，那里瞧瞧，即使交流也是说几句话就迈步走人。遇到这样的顾客，你会怎么做？

在为浙江永吉地板做第三次全国店长培训的时候，有一位安徽的经销商在课间找到我："王老师，怎么做才能留住顾客，让他坐下来和我交流呢？"这个问题非常棒。确实，如果顾客坐着，他停留的时间肯定比站着长，而且大家交流起来会更平等，心态也会更轻松。但要留住顾客，就要先打开他的心；要打开他的心，就要先打开他的嘴；要打开他的嘴，就要多提问。

〔错误应对1〕您好，要买点什么？
〔错误应对2〕先生，我可以帮您点什么吗？
〔错误应对3〕女士，先坐一下吧。

"您好，要买点什么"及"先生，我可以帮你点什么吗"，这样的语言激发了顾客的防范心理，会缩短顾客的留店时间，不可取。"女士，先坐一下吧"，根据我在家居建材门店的调研来看，我们店里很多销售人员都喜欢对顾客说这几句话，但真正坐下来的顾客少之又少，所以我们根本不应该这样直接地请顾客就座，除非你断定顾客确实很累了。

实战策略

为什么要请顾客就座已不需要多说，关键是如何让顾客坐下来和你交流。根据我的经验，我们可以从以下几个方面来做。首先要在沟通一段时间后再主动邀请顾客就座。比如："先生，您这个问题提得非常好，一两句话也说不清楚，来，我们坐下来慢慢谈吧。"说完后一定要主动用手势引导顾客就座，并且顺势去拿凳子，给顾客来个"霸王硬上弓"。其次，顾客就座后，切忌开口就谈自己的产品，可以从寒暄开始，也可以谈一些与产品相关的知识。比如："装修房子确实很辛苦，不过想想要住那么多年，现在辛苦一阵子也是值得的。"最后，在沟通中多提问、多聆听、多记录，充分挖掘顾客的需求，重视顾客的每一个问题。各位觉得按照我上面所说的去做，是不是会更好一些呢？

话术模板

话术模板A

导购：李姐，您提的这个问题确实非常重要，我正准备给您说呢，不如我们坐下来慢慢聊吧，来，李姐请这里坐……（顺势把凳子搬过来）

> **点评**
> 首先认同顾客的问题，与顾客做轻松的交流，然后顺势引导顾客坐下来谈，关键是说完后搬凳子的动作要果断且协调。

话术模板B

导购：李姐，装修房子确实是件累人的事情，不过想想要住那么多年，现在辛苦一下也值得。来，李姐，您先坐一下，我给您倒杯水……

（顺势把凳子搬过来）

点评

用认同的口吻与顾客沟通与产品相关的话题，然后再真诚关心顾客，请顾客就座喝水，这样更自然些。

要留住顾客，就要先打开他的心。

延伸链接

用正确的方法开单

2011年深圳麦金利在杭州做全国店长培训，为了使培训具有针对性，我去了该公司在四川的所属药店做实地调研，发现很多导购前面所有的工作都做得很好，眼看就要开单了，而且顾客也明显表现出开单的欲望，可是我们的导购却无动于衷，有时候看得我都着急了。后来在培训课堂上，我经常强调一点：没有顾客进店是零，顾客进店后不开单还是零。正确开单是所有完美销售的终结，也是我们为顾客服务的初衷。如何正确开单呢？

首先，开单时机非常重要。销售的过程就像一场接力比赛，而开单就是接力比赛的最后一棒，这一棒跑得太早则可能接不上棒，跑得太晚又会贻误战机影响业绩。所以有经验的选手都会在接棒时机的"火候点"上反复演练。如果过早提出开单要求，就会给成交带来阻力，甚至遭到顾客的拒绝。可如果错过了开单瞬间的"火候点"，就可能节外生枝。所以，把握开单时机点就显得特别关键。

那到底何为开单的最佳"火候点"呢？根据我对中国零售门店成交过程的长期观察和研究，我总结了一句话：当处理完顾客关心的核心问题后立即提问确认，只要顾客沉默1秒钟左右，立即开单。顾客关心的核心问题一般都是价格问题、质量问题及服务承诺等，这些问题我们处理好后，一定要提问确认一下，这是在为接下来开单营造一个氛围。比如"您觉得呢"或者"您说是不是"等，只要顾客默认了，我们就可以为接下来的开单发力了。

其次，开单的技巧很重要。经常有导购会在这个阶段去询问顾客，比如："那我现在给您开单了？""您到底是喜欢A还是B？""您是现金还是刷卡？"等。其实，此时此刻任何提问都显得多余，而且也给顾客留下拒绝你的机会。我建议各位此时最好的开单技巧就是"霸王硬上弓"，通过动作引导顾客认同既成事实。一般来说，处理完顾客的核心问题后立即提问，只要顾客沉默1秒钟左右，我们就立即开单，比如："那好，王姐，您现在看的这个是样品，我现在就到库房里给您拿一个全新的，您稍等。"然后坚定地转身离开去库房拿新货。如果顾客喊你，你就回去；如果不喊你，就意味着搞定了这一单。

15

刚摆的新货，质量没问题，可顾客仍要拿新的，但库房里已经没有了

现场诊断

随着消费的选择度越来越大，现在的顾客也变得越来越苛刻，我们好不容易将货品推荐给他，眼看顾客也很喜欢，可又抛出这么个问题，并且难办的是库房里已经没有和眼前这款货品一模一样的了，调货也来不及，怎么办呢？确实令人头疼。

[错误应对1] 只剩这些了，您不要，我也没办法。
[错误应对2] 这款只有这些了，要不您看看其他的吧。
[错误应对3] 如果有新的，我一定给您，确实没有了。
[错误应对4] 这些就是新的，质量各方面没有任何问题。

"只剩这些了，您不要，我也没办法"，意思是说：买不买随便你，导购开始泄气甩摊子，并且给顾客制造出很大的心理压力。"这款只有这些了，要不您看看其他的吧"，将顾客好不容易挑选到并喜欢的货品轻易否决掉，又要重新开始推荐，显得很轻率，效率也不高。"如果有新的，我一定给您，确实没有了"和"这些就是新的，质量各方面没有任何问题"，这两种解释本身没有问题，问题是这些解释没有说服力。

实战策略

各位是否有这样的体验,即便当着顾客的面拆开的新货品,顾客决定购买时都会想当然地认为这个货品"不够新"。其实,每个顾客都有这种想法,我们都怕上当受骗,都不想用买新品的价格买一个样品。所以,导购应该理解顾客,并且用真诚而略带惊讶的口吻与对方沟通,很多时候,我们甚至可以将"只有这些"作为卖点,适当地对顾客施加压力,以推动顾客立即购买。

话术模板

话术模板A

导购:张姐,是这样的,我们同款灯具都只进两三个,又卖得特别好,所以您刚看的这款灯具确实只有这一个了。如果您晚来一步,可能早就卖完了。并且张姐,这的确是刚摆上去的,各方面完全是新的,您完全可以放心带回去。来,张姐,我现在就给您打包了。

> **点评**
>
> 真诚地向顾客介绍我们的货品属于限量销售,以吊高顾客的胃口,同时又对顾客适当施加压力,最后一定要稍微强势地给顾客打包促成。整个过程中,多称呼"张姐"可以拉近距离。

话术模板B

导购:哎呀,张姐,真是抱歉,您看的这款灯具不仅是全新的,而且刚好是最后一个。今天上午才挂到这里的。这款灯具卖得特别好,您运气真好,如果晚来一步,可能真的不好找了。来,张姐,我帮您先包起来了。

点评

轻松幽默的语言，让顾客感觉自己运气真好，不买都不行！

危机就是危险中的机会，处理掉危险就是成交机会。

延伸链接

销售终端快速发展的秘密

2007年，我为成都好风景家居做第一次终端培训，到现在也就短短5年时间，其飞速发展的事实令我震惊。在走访完该公司的数十家专卖店后，我深刻地感受到：失败的店铺都有共同的原因，而成功的企业也都有其普遍规律。

1. 专卖店位置一定要好。在选址上，经销商一定要舍得投入高租金，这一点在好风景公司的经销店中表现特别突出。

2. 店铺面积要适度。不鼓励盲目开大店，但也绝对不可以建面积过小的专卖店。面积过小根本不可能摆够适量的货品，而专卖店没有适量的货品就无法营造销售氛围。

3. 店铺形象一定要好。现代消费观念更多趋向于一种文化消费，顾客购买的是体现品位和高尚生活方式的情感消费，所以要求终端专卖店在形象上一定要舍得投入。在好风景家居的经销商里，大凡舍得在形象上投资的门店，业绩都表现不俗。

4. 先将店铺做强，再做大。不鼓励经销商盲目多开店，但鼓励各经销商先将一家店铺做强，做成样板店后，再根据当地市场容量或跨区域多开店。

5. 鼓励店铺平时多做推广与服务。对老顾客做服务的目的是提升品牌的美誉度，对新顾客做推广的目的是提高品牌的知名度。推广服务是取得巨大成功的重要武器之一，它避免了过分依赖促销而效果极差的弊端。

调研结束后，在我与该公司总经理王先生沟通的时候，王总一席话道破了天机，他说："顾客光临本店的目的有三：体验舒适温馨的家居购物氛围、购买到物美价优的家居产品、享受到完美无缺的保姆式服务。"很多时候，顾客是否产生购买行为，源于门店给顾客提供的服务是否让顾客产生好的感觉，而这也是该公司与全国各地经销商共同努力获得双赢的重要原因。

16 东西我满意，但我的一个朋友已经买了，我不想买同样的

现场诊断

这个世界上很多千奇百怪的事情，有的人希望尽量模仿别人，有的人希望标新立异，这在顾客消费心理方面体现为购买的趋同性和差异性。遇到这类问题，主要看我们从哪个角度来处理，只要角度选好了，任何问题都是可以解决的。

自然性销售是我们业绩提升的大敌。所谓"自然性销售"，就是在遇到问题后，不是积极地解决问题，而是消极地回避。我发现有部分零售门店的销售人员每天都或多或少地在犯自然性销售的毛病。如果我们希望拿更多的薪水，那么就要积极寻找解决问题的方法。

〔错误应对1〕那您看看别的吧。
〔错误应对2〕要不我给您换个其他的。
〔错误应对3〕每个人的感觉是不同的。

"那您看看别的吧""要不我给您换个其他的"，相当于认同顾客的说法而放弃做任何努力，使推荐工作又要从头开始，降低销售效率，关键是让我们的专业性大为降低。"每个人的感觉是不同的"，这种回答过于笼统，没有正面解决问题，显得缺乏说服力。

实战策略

现在有一些导购,要么太随便,随顾客的便;要么太固执,固执于自己的想法,这两种做事习惯都需要调整。很多时候,我们要敢于并善于坚持正确的东西,越是如此,顾客越是信任我们。但坚持并不意味着认死理。有的导购容易随顾客摇摆,或者非得把自认为好的货品硬销给顾客,缺乏灵活应对的策略,甚至令顾客不悦。我认为就本案例而言,导购不妨从款式及颜色,或者类似款式着手进行推荐,如果顾客仍然不接受,我们再改变推荐的方向。

话术模板

话术模板A

导购: 是吗?张先生,那真是太好了!这款产品的特点是……所以很多人都很喜欢。我个人认为还有一款产品的颜色/款式/材质照样也很适合您,您试一下就知道了。来,张先生这边请……

> **点评**
>
> 首先说明这款产品大受欢迎的地方,然后巧妙地告诉顾客其他某种颜色/款式/材质照样适合顾客的需求,并引导顾客体验。此过程中关键是要自信,树立自己的专业形象。

话术模板B

导购: 是吗?张先生,那真是太好了!我们这款产品确实卖得非常好。当然,和朋友买同样的东西确实有点儿尴尬,不过好在这款产品还有几个类似款,我觉得各方面也都一样适合您,您可以感觉一下。来,张先生请跟我这边来……

> **点评**
>
> 首先肯定顾客看中的货品，再顺势向顾客推荐其他类似款。

我们不可以太随便，也不可以太固执。

延伸链接

你永远不知道自己有多优秀

有位秀才第三次进京赶考，留宿在一个常住的旅店。考试前几天，他做了三个梦：第一个梦是梦到自己在墙上种白菜；第二个梦是梦到下雨天，他戴了斗笠还打伞；第三个梦是梦到跟心爱的女人躺在一起，但是背靠着背。

这三个梦似乎有些深意，秀才赶紧去找算命的解梦。算命的一听，连拍大腿说："你还是回家吧。你想想，高墙上种菜不是白费劲吗？戴斗笠打雨伞不是多此一举吗？跟心爱的女人都躺在一张床上了，却背靠着背，不是没戏吗？"

秀才一听，心灰意冷，回店收拾包袱准备回家。店老板非常奇怪，问："不是明天才考试吗？怎么今天就回家了呢？"

秀才如此这般说了一番，店老板乐了："哟，我也会解梦的。我倒觉得，你这次一定要留下来。你想想，墙上种菜不是高中（种）吗？戴斗笠打伞不是双保险吗？跟心爱的女人背靠背躺在床上，不是说明你翻身的时候就要到了吗?"

秀才一听,觉得更有道理,于是精神振奋地去参加考试,居然中了个探花。

在我们门店管理和销售过程中,经常会面临各种困难。这些困难常常使我们心灰意冷,但换个角度思考问题,也许就能找到新的方向,最后有一个不同的结果。多年的终端调研和门店带教经验告诉我:很多时候,不是东西不好卖,也不是生意不好做,更不是困难不可克服,而是因为我们没有能力把东西卖好,没有方法把生意做好,没有智慧把困难解决掉。所以,让我们多从自身找原因,多向问题找方法吧,否则我们永远都不知道自己有多优秀!

17 东西挺好的，下次我带朋友过来，让他帮我看看再说吧

现场诊断

终端销售把握成交时机非常重要，一旦错过成交的最佳时机，就可能错过销售机会。但是有些顾客，尤其是决策力偏弱的顾客经常会提出上述问题，他们觉得东西不错，但就是一时下不了决心。

建议导购此时既不能轻易放弃，也不能施加太大压力，而应该积极引导顾客看到我们产品的优点，打消顾客的心理疑虑，让顾客坚信自己的选择。当然，"谋事在人，成事在天"，如果顾客依然犹豫不决，想带朋友来看看，我们也应无怨无悔。但以下回答方式则必须避免。

〔错误应对1〕好吧，那您下次再过来吧。
〔错误应对2〕又不是朋友买，自己喜欢最重要。
〔错误应对3〕别"到时候"了，喜欢就今天买吧。

"好吧，那您下次再过来吧"，导购没有给顾客施加任何压力就放弃了，也没有做任何努力去促使顾客成交，实际上是在驱逐顾客离开。"又不是朋友买，自己喜欢最重要"，让顾客很没面子，也容易激发与顾客的矛盾。"别'到时候'了，喜欢就今天买吧"，并没有给顾客解释为什么喜欢就一定要当天买，显得苍白无力。

实战策略

顾客提出这种问题，如果不只是为了找一个离开的借口，则属于犹豫不决，他们喜欢东西，但对自己的判断不是非常有信心，或者可能以前有过吃亏的经历，所以害怕再次上当受骗，于是在决定购买时总想找朋友来给自己参谋一番。

对待这种顾客，导购首先要取得顾客的信任，真心诚意地给他一些建议，适当地用利益与压力去推动顾客立即做出决定。需要说明的是，这类顾客一旦离开，他们的购买欲望就会大幅度下降，购买的可能性极低。

话术模板

话术模板A

导购：张姐，那您今天不带朋友来真是太可惜了！这款产品太适合您了，价位也不高，关键是今天买还有特惠，过几天促销就结束了，而且也不知道还有没有货。如果没有那多遗憾呀，您说是吧，张姐？所以我觉得您还是今天带回去比较合适，您觉得呢？

> **点评** 首先认同顾客的想法并表示惋惜，然后强调产品的卖点，同时给顾客施加适当的压力，最后千万不要忘记顺势引导顾客成交，但绝对不要帮助顾客做决定。

话术模板B

导购：那好吧，张姐，我尊重您的决定。只是我觉得这款产品各方面都很适合您，我怕您万一错过挺遗憾的。当然，我也担心自己是否有解释不周的地方，还想请教一下，您现在还有哪方面的顾虑吗？

点评

首先尊重顾客的决定，然后话锋一转，带出产品的卖点来，并且将自己作为问题的突破口，向顾客请教是否自己有做得不到位的地方，其真正目的是了解顾客不能马上做决定的原因，用这种谦逊的方式更容易获得顾客理解。

顾客犹豫不决是信心不足的标志，导购应学会推动顾客做决定。

延伸链接

导购，请不要妄自菲薄

在一次培训课程中，麦金利的一名店长对我说："王老师，我手下有些导购总觉得职业卑微，他们很难安心工作，好像随时都准备跳槽，我该怎么做呢？"

各位身边有这样的导购吗？我接触过许多门店，发现大凡做得比较成功的店员都喜欢导购工作，他们工作时充满激情，总是想方设法把导购工作做好。但是，我也发现那些业绩不太好的导购大多感觉自己的工作低人一等，做导购是生活所迫，他们从心里就根本没有将导购工作长久做下去的打算，随时准备离开这个岗位，不仅从来没有喜欢过这份工作，甚至从心里就看不起这份工作。

导购工作虽然职位不高，但依然值得我们去做，并且它也不是任何人想做就可以做好的。试想一下，如果我们连导购这么基本的工作都做不好，又怎么可能梦想自己去做一个好店长，甚至好老板呢？反过来说，如果我们真的把导购做得非常优秀，做到整个公司甚至整个楼层的第一名，我相信，我们做任何其他工作都不会太难，未来可以选择的路也会越来越宽。

所以，作为一名导购员，我们要做的就是坚定信心，排除杂念，走好自己的每一步。事实上，许多加盟商、总代理甚至品牌企业的老板都曾经是从导购做起，直到最后自己开店、开厂，将事业越做越大。这也印证了一句话：工作无论高低贵贱，关键是你能否把它做好！

18 顾客询问产品会否出现变形、变色、生锈、使人体过敏等自然性问题时,我们该如何回答

现场诊断

在零售门店,无论哪个行业,我们每天都会遇到顾客提出的自然性问题。所谓"自然性问题",就是指货品本身难以避免或由于后期安装使用不当而造成的问题,比如家具变形、开裂、变色等。一般而言,只要在国家标准规定的范围内,我们认为这些问题不是质量问题。那么应该如何处理此类问题呢?

〔错误应对1〕不会,我们的东西不会出现这种情况。
〔错误应对2〕这个很正常,所有这种产品都难免会有这样的问题。
〔错误应对3〕您用的时候稍微注意点,应该不会出现这种情况。
〔错误应对4〕您用的时候注意以下几点……(详细介绍保养知识)

"不会,我们的东西不会出现这种情况",除非你有100%的把握(事实上,对于自然性问题,几乎没有厂家敢这么保证),否则就是在自欺欺人,为日后制造麻烦。"这个很正常,所有这种产品都难免会有这样的问题",导购没有说错,但也没有做对,这样说会降低顾客购买的欲望与热情。"您用的时候稍微注意点,应该不会出现这种情况",导购缺乏足够的自信,语言模糊,容易使顾客对产品及导购产生不信任感。"您用的时候注意以下几点",然后向顾客详细介绍产品使用事项,会让顾客感觉产品使用过于麻烦,尤其会使男性顾客讨厌,从而降低销售成功率。

实战策略

顾客很关心自然性问题，我们导购也很关心如何处理产品的自然性问题。由于这类问题系产品难以避免的自然性瑕疵，我们难以给顾客底气十足的保证。所以，许多导购很纠结如何处理此类问题。其实，解决该类问题根本不需要从专业角度考虑，很多时候只要借用中国太极拳的"以柔克刚"术，就能很好地处理，甚至可以起到"四两拨千斤"的作用。

1. 做心理认同：任何人都喜欢听好话，导购一定要学会认同顾客的感受，以获得信任和好感，让顾客有一个好心情来聆听我们的话，比如"您说得有道理""您这个问题问得非常专业，一听就知道您是行家"等。

2. 给信心不给承诺：用确凿的证据让顾客自己打消顾虑，但不要明确告诉他到底是否会出现各种自然性问题，以免断了自己的后路。

3. 弱化问题转移矛盾：要学会扬长避短、避重就轻。考虑到顾客提出的问题对我们是相对不利的，导购可以做简单冷处理，并迅速将焦点转移到其他话题上，比如引导顾客体验产品，或者询问顾客其他问题以分散注意力等，比如"您家里多大面积""您平时吃药过敏吗"等。

4. 成交之后再给说明：当顾客确定要购买产品并交款后，导购再用简洁的语言介绍产品的保养与使用事项。这样更容易提高成交率，顾客也会更加感动，而在顾客还没有决定购买前，我们根本没有必要这么做。

对于产品的自然性问题，只要我们按照上述思路来做，并且熟练背诵和运用下面的语言模板，做到熟能生巧，就一定可以大大提高销售能力。

话术模板

话术模板A

导购：王先生，您对买××还挺在行，每个问题都问到点子上了。不过，王先生，我可以负责任地告诉您，我卖这个牌子5年了，到现在为止,像您所说的这种状况还从未出现过,所以您大可不必过于担心这个问题。哦,对了,王先生,请问……(顺势询问顾客需求以分散注意力)

导购:(如果顾客决定购买产品后)王先生,为了使产品保持良好的性能,像这种高档产品,保养也很重要,您使用时要注意……王先生,这样吧,为了便于您记忆,我把这些注意事项写在小票后面,请您稍候。(用简洁语言强调货品日常保养事项)

> **点评** 首先赞美顾客,然后用自己的从业经验来树立专业形象,并且通过提供足够的事实数据来打消顾客的疑虑,强化顾客对产品的信心。然后一定要记得迅速地通过提问来了解顾客的需求与购买标准,或者引导顾客体验货品,这主要是为了转移顾客的注意力。

话术模板B

导购: 张姐,您这个问题问得很好,您说的情况在我们行业确实存在。不过,我可以负责地告诉您,我们这个牌子的所有产品都经过特殊的工艺处理,所以这一点您大可不必过于担心。再说,我经营这个品牌已经有3年了,还从来没有出现过您说的这种情况,您完全可以大胆地买,放心地用。哦对了,张姐,请问您……(直接提问,引导顾客回答问题,然后根据顾客回答的情况推荐最适合的货品)

导购:(如果顾客看过几次后决定购买产品)张姐,为了使产品一直保持良好的性能,像这种高档产品,保养也很重要,您在使用的时候应注意……(当顾客决定购买后,再用简洁的语言强调产品日常保养事项)

> **点评** 首先认同顾客的感受,自信地提供事实数据,并积极

鼓励顾客购买，然后引导顾客体验货品优势。

顾客是上帝，但绝对不是皇帝。

延伸链接

自然性问题：影响门店业绩的重要因素

所谓"自然性问题"，是指产品使用过程中难以避免的一些问题，这些问题可能由产品固有的特性、使用方法不当、产品使用环境及产品自然损耗等非人为故意原因引起的。

比如，长时间不合理的使用或环境湿度不匹配，家具可能会出现掉漆、变色、金属部分生锈及抽屉变形等问题；衣服由于穿着及洗涤方法不当，会出现褪色、变形、缩水及起球等问题；医药保健品因为个体差异，服用者可能出现红肿、发痒、恶心等不良反应，类似这些都属于产品的自然性问题。这些问题只要在国家标准规定的范围内，就不是质量问题。但这类问题如果顾客问起来，又是导购最不好回答的。

自然性问题在许多行业的许多产品中都会有不同的表现形式，销售人员应该全面寻找产品可能出现的自然性问题，并提前做出应对的语言模板。无论如何，导购都应该明白，处理自然性问题首先不能欺骗顾客（比如以次充好），其次不要用直线性思维告诉顾客结果，最后一定要学会善意地引导顾客朝有利于我们的方向前进。

19

你们是哪里的牌子呀，都没听说过，还卖这么贵

现场诊断

前些年，我在为圣象木地板做培训的时候，有学员问我："王老师，我们的品牌在木地板行业还是很有知名度的，可还是有顾客一进来就说这个牌子没听说过，还卖这么贵，真的好郁闷。"

是呀，公司品牌这么有名气，但还是有顾客提出这样的问题，所以有的人觉得企业要加大广告投放力度，同时配合大型促销活动。结果，活动搞得红红火火，费用花了不少，但效果却非常一般，并且依然有许多顾客重复上面的问题。很显然，顾客之所以有类似问题，不在于企业广告做了多少，而在于顾客的购买心理。

其实，家居建材之类的品牌多为行业内品牌，也就是说，行业内可能很多人知道，很有名气，但跳出行业圈子，很多顾客可能是第一次接触我们的产品，比如有的人一辈子可能就装修那么一两次房子，所以平时对家居建材的品牌并不是很关心。

〔错误应对1〕是吗？我们店都开好几年了。
〔错误应对2〕不会吧，我们在行业里很有名的。
〔错误应对3〕我们正在很多媒体上做广告。
〔错误应对4〕我们确实是新牌子，刚进市场。

"是吗？我们店都开好几年了""不会吧，我们在行业里很有名的"，都在暗示顾客的无知，让顾客感觉不舒服。"我们正在很多媒体上

做广告""我们确实是新牌子,刚进市场",则等于承认了我们是新牌子,让顾客隐隐感觉质量不够好,品牌有问题。

实战策略

销售人员不要认死理,要敢于并善于承认自己的瑕疵。顾客提出的问题如果确实存在,导购要敢于承认,以获得顾客的尊重。当然,承认不足也是有技巧的,一个聪明的导购可以将缺点转变成推销成功的转折点。

就本案例而言,我们可以先放下架子,求得顾客认同和好感,比如先进行自我检讨,紧接着给顾客介绍我们的品牌。记住,介绍时一定要简洁而自信,只要顾客愿意听,接下去就可以迅速转入产品的推荐阶段了!

话术模板

话术模板A

导购:哎呀,真不好意思,工作没做好,幸亏今天有机会向您介绍一下,我们是××品牌,我们的特色是……。姐,请问您今天……(提问了解顾客需求,并分散顾客注意力)

> **点评**
> 首先谦虚地承认工作没做好,以获得谅解,然后话锋一转,向顾客介绍自己的品牌。当然,介绍品牌只是一个过渡,我们真正要做的是了解顾客需求,然后顺势推荐货品。

话术模板B

导购:呵呵,姐对××行业真是了解。我们品牌其实做的时间也不短了,只不过今年公司才决定进入××地区,以后还需要您多多捧场。姐,

请问您……（转向询问顾客需求阶段）

> **点评** 首先赞美顾客见多识广，然后简单说明情况，并反将顾客一军，希望顾客多支持，最后顺势询问顾客需求，接着推荐货品，导购的表现非常机智。

王建四观点

承认瑕疵是一种智慧，聪明的导购能将缺点变成推销成功的转折点。

延伸链接

别以为顾客是傻子

高尔文是摩托罗拉的创始人，他曾以令人尊敬的推销方法赢得了无数顾客的信任，那就是告诉顾客真相，无论优点还是缺点。高尔文说："告诉顾客真相，第一是因为这样做是正确的，第二是不管你怎样弄虚作假，顾客最终都会发现。"

在现代商业社会中，店铺不妨学习摩托罗拉的做法，开诚布公地把自己的底交给顾客，诚实销售，从而取得顾客的信任。顾客在购买产品的时候，有知道事实真相的权利，店铺也有如实告知的义务。唯有诚信，才能为店铺赢得信誉；唯有信誉，才能让店铺立于不败之地。销售人员在推销的时候，不一定要把产品说得完美无缺，有时老老实实地说出产品的缺点，会使店铺更有魅力。

记住，别以为顾客是傻子，别以为自己很精明。让自己犯点傻，把产品的一些无关轻重的瑕疵实事求是地告诉顾客吧，如此才能赢得顾客的信任，长期的友情关系才会给我们带来长期的利润回报。

20

处理库存时，有顾客突然说：这好像是以前的老款，怎么还拿出来卖呢

现场诊断

各位，这个问题你是否遇到过呢？有一位做瓷砖生意的四川粉丝通过微信跟我说："王老师，辛苦一年，存货一堆，我这年不好过了。"

库存表面上看是货的问题，但其实都是订货、卖货及管货环节出现了问题，所以归根到底是人的问题。

就拿卖货来说吧，我觉得库存不一定都是不好卖的货，如果我们都觉得它没有卖点、一无是处，觉得它不好卖，那它肯定不好卖。如果我们希望把库存货品快速卖掉，就要学会找到每一款库存货品的优点，相信它可以卖得很好，甚至可以成为爆款。所以，我们一定要学会喜欢滞销款，并且引导顾客看到滞销款的优点。

〔错误应对1〕我们的新货过两天就到。
〔错误应对2〕这些东西今年还是很流行呀！
〔错误应对3〕是的，这是去年的货，就剩这点了。

"我们的新货过两天就到""这些东西今年还是很流行呀""是的，这是去年的货，就剩这点了"，都等于是认同顾客的说法，即这件货品就是老款，但都没有做任何进一步的解释和说明，这样无法吸引顾客的注意力，不能积极引导顾客成交，属于消极的销售行为。

实战策略

没有什么东西是真正滞销的，所有的滞销货品都不是先天不足，而是后天失调。很多时候，不是货品本身的问题令其滞销，真正导致滞销的原因在于人。不是东西不好卖，是我们没有把东西卖好。我们要学会找到每一款滞销货品的优点和卖点，并加以转化利用，最后我们会发现，原本滞销的变成了畅销的。

那如何找到库存货品的优点呢？其实，任何事情都有两面性。老款有老款的缺点，但也有其优势，比如质量稳定、款式经典、技术成熟、价格实惠等。导购要学会从不同的角度寻找产品卖点，并将其转化为销售亮点突显给顾客，为顾客提供购买的理由，积极引导顾客成交。

话术模板

话术模板A

导购：大姐，您真是内行，一眼就看出来了。不过正因为是去年的货，现在买才更划算，同样的质量，价格比去年便宜了将近1/3，以前从来没有卖过这个价格。来，您先看看我们这款产品……（将顾客的焦虑点转化为产品的优点介绍）

> **点评** 首先赞美顾客的眼力，然后为老款货品找到一个最贴切的购买理由，即老款经典且价格实惠，顺势引导顾客看货品。

话术模板B

导购：哎呀，大姐真是好眼力，这款产品确实是我们的经典款。我们现在拿出来做特价回馈消费者，这么好的东西才卖这个价格，所以现在卖得非常火爆，估计很快就会断货。

> **点评**
>
> 首先还是赞美顾客的眼力，然后直接强调老款的优点，并且让顾客感觉你真诚地站在他的角度思考问题，最后以促销等话题来给顾客施加压力，推动顾客立即购买。

所有的库存都不是先天不足，而是后天失调。

延伸链接

学习——快速提升终端竞争力的捷径

中国零售终端的竞争已越来越白热化，许多终端竞争手法趋于雷同。无论是产品开发、市场推广、广告促销，还是门店形象，都在相互跟风，到最后发现：别人做，有效果；自己做，效果却越来越差。这样的终端竞争始终停留在低层次上。到底应该如何做，才能从根本上提升终端竞争力呢？2007年和2008年，我一直在成都好风景家居做终端培训年度顾问，在此总结该公司飞速发展的一些成功经验，与各位分享。

首先，高层领导要高度重视终端素质提升。该公司每年都要为全国各地分公司投入大量的人力、物力与财力，以保证各地终端巡回培训的顺利开展，并且无论时间多么紧张、事务多么繁忙，公司高层领导都会尽量出席并致辞。

其次，要坚持"引进来"的原则。该公司每年的经销商年会都会设置相应的培训课程，同时还坚持每年召集全国各地的优秀店长回总部集训，店长们回到公司总部后，参加培训部系统设计好的全部课程，进一步熟悉了公司发展史、企业文化、产品知识，提高了店长们的专业技能，拉近了店长与公司品牌的情感距离。

最后，要坚持"走出去"的原则。该公司每年对全国各地重点市场进行终端巡回培训。大量的培训事实证明：只要培训内容及讲师选择得当，许多总代理、经销商老板、店长与导购其实非常欢迎这种培训会议，并且效果也是实实在在看得见的。

正是由于好风景公司在渠道终端上的高度重视，5年来，公司终端的竞争能力与销售业绩明显提升，终端对品牌的忠诚度越发稳定，专卖店流失率年年降低，终端盈利率也高达90%。坚持终端培训成了终端招商的一块金字招牌。当然，该公司也创造了家居行业的发展奇迹，那就是：通过几年的发展，从几千万做到了几个亿！

21 隔壁店的东西和你们的比较，你觉得他们的怎么样

现场诊断

各位是否遇到过这种问题？如果有，我告诉你：成交的机会来了，请务必抓住。其实，顾客买东西难免会货比三家，但当有些顾客拿我们与竞争对手比较，并且询问我们的看法时，处理起来确实比较棘手。没有经验的店铺销售人员要么直接贬低竞争对手，要么缺乏自信，以致降低了顾客的购买热情。

其实，遇到类似情况，店铺销售人员一定要明白，我们根本没有必要帮顾客比较两家产品的好坏，只需要将我们产品的优点充分展示出来，同时弱化但不贬低竞争对手就好。

〔错误应对1〕这很难说，都还不错。
〔错误应对2〕各有特色，看个人喜好。
〔错误应对3〕我不太了解其他牌子。
〔错误应对4〕他们就是广告打得多而已。

"这很难说，都还不错""各有特色，看个人喜好"，给人的感觉相当于没说，反而让顾客更加困惑，觉得导购不负责任，这样往往容易激怒顾客。"我不太了解其他牌子"，只能说明导购不专业，对自己竞争对手的产品都不了解，这样不专业的导购很难取得顾客的信任。"他们就是广告打得多而已"，言语中有贬低竞争对手的意味，这样做在贬低竞争对手的同时也贬低了自己的形象，贬低了所经营品牌的价值。

实战策略

店铺竞争不同于行军打仗，不一定非要打个你死我活方能定胜负，如果我们四处树敌，那就死定了。可现在有许多店铺，在竞争对手身上浪费了太多的资源，却忽略了对顾客的真正关注。其实，市场竞争的实质是稀缺资源的争夺，这里所说的稀缺资源就是我们的目标顾客，只要争取到目标顾客，就等于打败了竞争对手！贬低竞争品牌以抬高自己的做法无法赢得顾客的信任，更无法推动顾客的购买行为，无论是从眼前还是从未来来看，都是不明智的行为。

就本案例而言，导购千万不要贬低竞争对手。我们可以强调各自的特点，点出两个品牌的差异点，对竞争品牌要简单地一语带过，对自己货品的优点应详细说明，并将自己品牌的优点与顾客的个人需求结合起来，以激发顾客的购买欲望。

话术模板

话术模板A

导购：张姐，您说的××牌子也挺不错，我们两个品牌各有特色，主要还是看您的喜好和需求。我们品牌的特点是……，我认为它更加适合您的是……

> **点评**
>
> 首先简单处理顾客的问题，告诉顾客货品不在于牌子响不响，关键在于是否适合自己，然后详细地向顾客介绍自己货品的特点，最后告诉顾客为什么我们的货品更合适。

话术模板B

导购：张姐，您说的这几个牌子都有自己的特色，都是不错的品牌。其实买东西不单单是哪家比哪家好的问题，关键还是要根据您自身的需求来决定。请问张姐，您买东西是注重材质，还是……（引导顾客说出自己的购买偏好后，导购继续说），如果这样，我认为我们的品牌更适合您，因为我们品牌强调的是……，张姐，我说得再好也不算，您自己体验一下就知道了。来，张姐，这边请！

> **点评**
>
> 首先赞美顾客的眼光，告诉顾客这几个牌子都不错，让顾客对你的人品刮目相看。其次告诉顾客买东西不在于谁好谁坏，关键在于是否符合自己的需求，并以此为跳板，询问顾客的需求。然后再根据顾客的需求，向其推荐自己的货品。最后引导顾客体验。

王建四观点

竞争就是稀缺资源博弈，贬低竞争对手无助于赢得顾客信任。

延伸链接

门店经营不要盲目跟风

中国的零售终端有个非常不好的现象，那就是太喜欢模仿与跟风，看到人家做一个活动有效果，于是自己也跟着做。隔壁经营化妆品赚了钱，自己也跟着开一家，到最后发现大家的生意都不好做了，于是开始打起价格战，直至两败俱伤。其实，榜样本身没有错，关键是我们一定要学会借鉴，并超越从前。有个故事非常好地阐述了这个道理。

有一户人家，住在市镇与市镇之间的路上，以种菜为生，颇为肥料不足所苦。

有一天，主人灵机一动："在这条路边上，往来贸易的人很多。如果能在路边盖一间厕所，一方面给过路的人提供方便，另一方面也解决了肥料的问题。"

于是，他用竹子与茅草盖了一间厕所。果然，来往的人无不称好，种菜的肥料从此不缺，青菜萝卜都长得极为肥美。路对面有一户人家也以种菜为生。他看到了邻里的收获，非常羡慕，心想："我也在路边盖个厕所。而且，为了吸引更多人来，我要把厕所盖得清洁、美观、大方、豪华。"于是，他用上好的砖瓦搭盖了一间厕所，内外都刷上石灰，比对面的茅厕大了一倍。完工之后，他觉得非常满意。然而，对面的茅厕人来人往，而自己盖的厕所却无人光顾。这户人家感到非常奇怪，就问路过的人是怎么回事。原来，他盖的厕所太美、太干净，一般人以为是神庙，内急的人当然是跑茅厕，不会跑神庙了。

营销是有针对性地对顾客开展差异化工作。如果看到竞争对手采取了行动，而自己缺乏周密的计划安排，仓促上马，很容易造成被动乃至失败。"凡事预则立，不预则废"，前期的调查研究十分重要，不做细致分析就跟风模仿，很难真正形成自己的竞争力。

22 你们还名牌呢，样品做工都这么粗糙

现场诊断

近年来，我把更多的精力从培训转到了店铺辅导。店铺辅导不只是培训，还包括实地辅导及带教学员，所以我会经常到客户店里做深度跟踪。在江苏一个建材商城，我发现有一家木门品牌摆的样品居然在细节方面出现了很多瑕疵。问导购，他们说因为是样品，所以安装的时候工人也不是很认真。其实，这是大错特错。正因为是样品，我们才应该更加认真对待。

顾客往往会用放大镜来看店铺问题，他们喜欢将小问题看成大问题，将局部放大为整体。如果发现样品的某个细节有瑕疵，他们就容易联想到产品可能有质量问题；如果遇到某位导购的服务态度不好，就会联想到以后的售后服务也会不好。所以，店铺服务一定不要放过任何细节，任何一个细节做不好，都可能导致顾客离我们而去。

〔错误应对1〕这种小问题，哪个牌子难免都有点。
〔错误应对2〕现在的东西都这样，处理一下就好。
〔错误应对3〕我给您处理一下吧，没事的，不影响。

导购员一定不要忽略语言中隐含的消极意思，很多话我们可能是毫无意识地脱口而出，但顾客感觉就不舒服了。"这种小问题，哪个牌子难免都有点""现在的东西都这样，处理一下就好"，给顾客传递的信息是顾客太挑剔，不讲道理，这会让顾客窝火。"我给您处理一下吧，没事的，

不影响"，也许你现在确实可以轻易处理掉这些问题，但因此带给顾客的怀疑与不信任却不会轻易消除。

实战策略

就好像没有人会不生病一样，任何人都不敢保证我们的货品和服务不会出现任何问题，关键是出现问题后，我们用什么态度来面对。我认为，导购要敢于承认货品和服务的问题，这样通常可以赢得顾客的理解，使问题变得更容易解决。如果我们一味地为自己强行辩护或推卸责任，只会让顾客鄙视我们，使解决问题变得更加困难。所以，承认货品和服务的问题是一种大智慧，当然也有技巧。

就本案例而言，导购可以首先真诚地感谢顾客给我们提意见，将顾客的角色由批评者转变成建议者和朋友，同时迅速地将话题的焦点转移到体验货品上去，毕竟瑕疵的存在对我们是不利的，一味纠缠于此并不明智，转移顾客的注意力才是正确的选择。

话术模板

话术模板A

导购：对不起，张姐，这是我的工作疏忽，上货时没有发现这个细节，给您添麻烦了！谢谢您告诉我这个情况，我现在就帮您换一台，张姐，您稍等一下……

> **点评**
>
> 面对问题，要真诚地感谢顾客，因为顾客提出这个问题也是为了我们好，然后避重就轻地将原因归咎于出货时的不小心，并立即为顾客调换货品，转移注意力。

话术模板B

导购：张姐，感谢您告诉我这个情况，我知道您也是为了我们好，我会马上跟公司反映，并立即做出调整，真是谢谢您啦。请问，张姐今天是想看……还是……（询问顾客转移话题）

> **点评**
>
> 真诚感谢顾客提出的建议，并表示会立即向公司反映，让顾客感受到我们很重视他的问题，然后迅速通过询问顾客要求，将话题转移开。

承认存在的问题是一种大智慧，会使问题变得容易解决。

延伸链接

批评与表扬店员的艺术

店员是决定门店业绩的重要力量，店员工作是否积极主动直接决定着顾客满意度及店铺业绩的高低。在日常的店铺管理中，难免会出现个别员工工作不符合公司要求的情况，这就需要店长及老板及时批评指正，而对于那些表现优秀的店员则应该予以表扬。我在终端调研过程中发现，有许多店长及老板在这方面存在一些问题，现在就如何正确批评与表扬店员来进行介绍。

1. **批评与表扬员工的目的**。如果对表现优秀的店员不加以奖励与表扬，就相当于惩罚他们，这会极大地打击他们的积极性，让他们在以后的工作中不再像以前那样付出。当然，店员表现不佳的时候不加以批评，实质就是在鼓励他们的错误行为，同时也是对良好行为的忽视。所以，批评与表扬其实就是在店铺内部树立行为规范。

2. **批评与表扬员工的时机**。批评与表扬员工都要求及时进行，否则将影响其效果。在表扬员工的时候可以大张旗鼓，这样可以在店铺内营造积极向上的氛围；在批评员工的时候，则应该尽可能在局部范围内进行，并且绝对不可以当着顾客的面，否则将极大地打击员工的自尊心，达不到批评的目的。

3. **批评与表扬员工的方法**。有的店长与老板觉得表扬员工没问题，但要他们去批评员工往往碍于情面，不愿去做。其实，为难的主要原因还是店长与老板没有弄清楚自己的定位。批评员工是管理者对员工的帮助，能使员工发现自己工作中的问题，从而加以改进。批评与表扬员工应该针对员工工作的具体行为进行，批评的时候不可以给人定性，我建议更多的时候以帮助者的身份与员工沟通，引导员工发现自身的问题，或者以建议的方式给员工一些好的工作方法。无论批评还是表扬，都应该做到公平、公正和公开。

员工需要激励，所以店铺内部应该营造公平、公正和公开的批评与表扬氛围，使每个人的工作都在一个透明的规则下进行，让员工清楚自己的工作方向。店长与老板就是这种透明规则的制定者。

23

算了吧，现在很多产品都是贴牌或者随便挂个国际牌子

现场诊断

各位，你是否遇到过这样的牌子呢？随便起个国际范儿的名字，或者干脆在国外注册一个很洋气的牌子，但生产和销售都在国内，关键是产品的品质及服务质量等又对不起那个价格，导致许多顾客对该类品牌严重不信任。其实，我们身边这样的牌子还真不少，无论是服装行业还是家居建材行业，起洋名的品牌很多，经过新闻媒体曝光几次后，消费者的警惕心理越来越强了。

〔错误应对1〕这是公司的事，我们打工的不清楚。
〔错误应对2〕我们确实就是与德国合资的品牌。
〔错误应对3〕我们的技术都是从德国进口的。

"这是公司的事，我们打工的不清楚"，说明导购太糊涂，连自己所卖货品的品牌情况都不了解，怎么能让顾客信任这样的导购呢？说这种话其实就是在默认顾客的观点。"我们确实就是与德国合资的品牌"，属于简单直白的表述，显得缺乏说服力。"我们的技术都是从德国进口的"，等于在告诉顾客我们只是从德国引进技术，牌子确实是挂的。

实战策略

如果顾客对品牌产生不信任,此时任何推销的语言都是多余的,导购此时应想方设法打消顾客的顾虑。那如何打消顾虑呢?我认为首先要表现得更专业,很多时候,顾客是在接受你这个人之后,再接受你的想法和说法!

所以,导购不要一开始就拼命地抵抗,试图说服顾客,这样往往事与愿违,我们可以做的就是想方设法改善与顾客的关系,让顾客信任我们,至少对我们有好感,这通常更有利于问题的解决。而认同和赞美是快速改善我们与顾客的关系、拉近双方距离、获取顾客好感的利器,导购在处理顾客问题时,一定要强迫自己养成认同与赞美顾客的习惯。

话术模板

话术模板A

导购:张先生,您对××行业很了解呀!确实像您所说,现在有些品牌的做法的确很容易让人误解。但我们确实是与德国××公司合资的品牌,所以不管是在产品工艺上,还是在经营管理上,都受到了德国品牌的影响。这一点,您只要仔细感受一下我们的产品功能及设计风格就知道了,我们品牌的特点是……

话术模板B

导购:张先生,您说得也对,现在市场上确实有些这样的品牌,也难怪您会这样问。不过,我们确实是与德国合资的品牌,尤其这两年因为合资的关系,我们在产品质量以及管理上都有了很大的提升。我相信,只要您仔细体验一下我们的产品细节,就会感觉得到。

点评

这两个话术模板大致都遵循了这样的思路：首先认同顾客的想法，用真诚的语言获取顾客的好感；接着，话锋一转，告诉顾客我们的品牌确实是德国合资品牌，并引导顾客看到合资给我们品牌带来的利益，以此引导顾客分散注意力。

王建四观点

与顾客维持良好的关系，会使问题变得更加容易解决。

延伸链接

门店销售中如何处理顾客订货

在日常销售中，部分顾客有某些特殊需求，或是顾客看中的货品店铺暂时不准备进货的时候，可能就牵涉订货的问题，此时应注意以下几点：

1. 交订金的前提。 顾客所订货品无再进货计划，经请示可以预订后再进入订货程序，收订金前须提醒顾客，如果到货后反悔，将扣除一定运费，并注明在小票上。如果此货品在进货范围内不允许收取订金，那么就要进行订货登记，以便及时通知。除非热卖货品，顾客要留货必须交订金。

2. 明示事项。 订货的时候，一定要将货品的规格、型号、尺寸、颜色及允许的误差标准明示，以免到货后引起争议。

3. 交纳订金。 订金一律开小票，交到收银台。

4. 返还订金。 当顾客所订货品确实不能及时到货时，应全额返还订金。当所订货品到货而顾客拒绝购买时，应视情况扣除相应的运费后，将余额返还给顾客，退订金手续与退货相同。

本章自测题（将你认为正确的一个或多个答案填写在括号里）

1. 顾客说"我要考虑（商量）"的时候，我们可以（　　）

    A. 告诉顾客可以考虑好后再来

    B. "这么好的东西不需要考虑了"

    C. 提问了解顾客犹豫的原因

    D. 针对原因提供相应的解决方案

2. 顾客说东西不错，但要等朋友帮自己看后再做决定时，可以（　　）

    A. 给顾客施加压力，说以后可能没货了

    B. 了解顾客不能现在决定的原因

    C. 理解顾客的心情并给出解决方法

    D. 尽量这次就成交而不要等到下次了

3. 当顾客提出有关货品的自然性问题时，我们可以（　　）

    A. 直接告诉顾客这个问题

    B. 实事求是地告诉顾客真相

    C. 赞美顾客在行并认同顾客

    D. 给信心并引导顾客关注其他问题

第3章

当顾客对价格有异议的时候,你应该怎么办

24 隔壁××牌子的东西跟你们的比,各方面都差不多,但价格要便宜得多

现场诊断

我们都清楚,顾客购买前都有货比三家的心理,购买耐用消费品时更是如此,有时候甚至全家出动,三番五次来店,在签单前的价格谈判上,也是反复讨价还价。不过经验告诉我们,顾客比较价格时有两种情况:一种是对我们的东西无所谓,比如顾客一进店,对货品还没有深入了解时就脱口而出,此时的价格比较只是表面上的泛泛而谈,我们不可较真。另一种是顾客对我们的货品做了深入了解并且到处比较过后,通常这种情况表明顾客对我们的货品已经非常感兴趣,只要我们给顾客一个"值得"的理由,购买就会水到渠成。

如果两个品牌的货品风格、款式或材质等差不多,自己的价格却比对方贵,这种情况处理起来确实有难度,但这绝对不应是我们业绩不好的借口。我见过很多品质差不多但价格比别家贵的品牌,他们的货品经过导购的服务塑造,照样卖得非常好,关键是我们要找到自己的优势并突显出来。如果我们连一点优势都没有,请问顾客凭什么要选择我们呢?现在问题的关键是找出优势在哪里,这是我们每个门店都应该思考的问题。在服务上吗?是的,产品同质化也许不可避免,但服务是可以做出差异的。

> [错误应对1] 是吗？东西不一样！
> [错误应对2] 不是一个档次的，我们的质量好多了。
> [错误应对3] 差别不大，就那么几十块钱。
> [错误应对4] 您不能只看价格，还要看材质和做工呀！

"是吗？东西不一样"，到底怎么不一样并没有说，相当于没说。"不是一个档次的，我们的质量好多了"，这样说过于简单抽象，没有说服力，并且语言偏激，有攻击与贬低其他品牌的嫌疑。"差别不大，就那么几十块钱"，实质上已经默认了顾客的说法，但并没有做任何有说服力的解释说明。"您不能只看价格，还要看材质和做工呀"，让顾客有被教训和贬低的感觉，令人非常不舒服。

实战策略

销售要成功，导购首先要设法将自己脑子里的东西装到顾客的脑子里，顾客只有接受你的思想，才会接受你的推荐。可是我们有许多导购，都是在还没有将自己脑子里的东西装进顾客脑子之前，就将自己的手伸向顾客的口袋，这样做无疑会遭到顾客的质疑与拒绝。

研究表明，顾客的消费潜力可以激发其购买预算的150%。这告诉我们，顾客在相似品牌之间进行价格比较的时候，考虑更多的并非是那几十块钱的差价，关键是这个差价是否真正值得付出。其实只要货品品质好，相当多的顾客还是愿意多花点钱的。所以，导购不要因为自己的品牌比竞争对手价高就自暴自弃，每个品牌的产品都有自己的优点，关键在于我们要找到这些优点并恰当地表现出来。

顾客越是将我们与竞争对手相提并论，越是导购表现自己的专业、赢得顾客信赖的关键时刻，此时导购要注意两点：

首先，不要贬低竞争对手。如果我们自己的品牌好，根本就没必要通过贬低他人来证明自己好；如果竞争品牌不如我们好，那就更没有必要去贬低它了，因为在贬低竞争对手的同时，往往也降低了我们在顾客心目中的形象。

其次，导购处理顾客异议的形式比内容重要。处理顾客问题时，一定要让顾客感到导购人员训练有素，从容不迫。在整个过程中，导购要保持自信但不自大，真诚而不敷衍。导购处理问题时的专业形象与方式比问题本身更重要。

就本案例而言，导购可以认同顾客的说法，并感谢顾客的善意提醒，以此来拉拢顾客，同时简单告诉顾客我们与其他品牌产品的差异点，并且立即引导顾客体验我们货品的独特之处，从而转移顾客的注意力。当然，也不排除顾客有"虚晃一枪"的可能。

话术模板

话术模板A

导购：王先生，您真细心，观察得这么仔细。上午有个老顾客也提到这个问题，不过后来他还是买了我们的东西。王先生，您也知道，设计、工艺、质量与售后等都会影响到最后的价格，我们品牌的特点是……（*强调我们产品的差异性优势*）。来，您体验一下就明白了。

> **点评**　销售人员一定要善于讲故事，因为故事通俗易懂，说服力强。先向顾客介绍价格的形成因素，再引导顾客体验以分散注意力。

话术模板B

导购：王先生，您说得对。您说的那个品牌，有些货品如果只看外观，确实和我们的差不多。虽然我们在价格上比他们要稍微高一点，不过大多数顾客还是会选择我们的产品，因为他们觉得我们的产品……（阐述差异性优势点）。王先生，光我说好不行，来，您看……

点评

处理该类问题一定不可以简单化，空洞的说辞没有任何说服力。我们首先要实事求是地认同顾客的观点，然后告诉他即便如此，仍然有许多顾客会选择我们的品牌，最后说明原因，即强调我们品牌的优点，并主动引导顾客去体验这些优点。

王建四观点

不是我们的商品价格太高，而是我们没有办法卖高！

延伸链接

如何将品牌做成当地第一

开店是为了什么？有人说，当然是为了赚钱。那么请问：你觉得身边那些开店的是赚钱的多还是不赚钱的多？答案是赚钱的多，否则他们都不开了。但是在这些赚钱的店里，请问是赚大钱的多还是赚小钱的多？答案是赚小钱的多。为什么少部分人可以赚到大钱，而大部分人一样辛苦却只能赚小钱呢？少部分人到底与我们大部分人有什么不一样，他们究竟是怎么赚到大钱的呢？根据我在不同行业终端的研究发现，大凡赚大钱的，他们都会努力与公司合作，把品牌当作事业来做，最后品牌也给了他们更多的回报。事实上，如果我们真的做到了这一点，将我们的品牌做到当地的第一（也许在全国还排不上号，但那不重要），当商圈里的顾客一想到买某方面的货品，第一个就想到我们，那还愁赚不到大钱吗？

那么，我们怎样才可以将自己的品牌做成当地第一呢？在此与各位分享4点：

1. 开大店。开大店是竞争的需要，也是店铺陈列的需要，店铺面积大，就可以陈列更多的货品，而更多的货品可以吸引更多的顾客，使他们停留更长时间，相应地就会带来更多的销售额。

2. 开靓店。如果顾客不进店，即使我们的货品再好，也没有任何意义，而要吸引顾客进店，门店形象是非常关键的因素。形象好的店铺通常可以给顾客很好的感受，从而增加顾客的进店率与滞店率。做品牌一定要有一个统一、规范的形象。

3. 多开店。在某区域城市同时开设同一个品牌的多家店，既增加了店铺在当地市场的"注意力"，又在货品管理、库存和相互调配方面增加了便利，厂家给予的支持也会更大，结果当然就是我们更有可能将该品牌做成当地的第一品牌。

4. 多推广。真正的品牌一定要有知名度、美誉度和忠诚度。知名度好做，但是美誉度和忠诚度需要我们做好服务与推广。具体而言，对新顾客可以多做推广，以提高品牌的知名度，让他们在有需要的时候能够第一个想到我们的品牌。但是当新顾客成为老顾客后，接下来一定要持续地服务好他们，通过我们的优质服务来获取他们的美誉度和忠诚度，使其可以实现重复购买和转介绍购买。

当然，要将品牌做成当地第一，需要经销商与公司紧密配合，并且老板的观念意识非常重要。因为做品牌前期需要投入大量的市场资源，而这些往往都是很多经销商不愿意去做的（当然最后赚小钱的也都是这部分经销商）。所以，我想送给各位想做强、做大的经销商朋友一句话：大老板一定要敢于花钱、舍得花钱并且善于花钱！

25 东西我喜欢，我也来了好几次了，你再便宜点我就买了

现场诊断

各位遇到过这样的顾客吧？顾客来了好几次，说明他对我们的产品感兴趣，这是成交的曙光，但如果我们处理不好，曙光可能很快就会消失。

面对这类顾客绝对不可以快速让步，否则顾客还会杀价，而且越杀越上瘾。或者顾客带来自己的亲朋好友轮番杀价。当然，我们也不要做"铁公鸡"，不给自己留一点退让的余地。对这类顾客不仅要讲道理，而且还要给面子，笑嘻嘻地把生意做成功。

〔错误应对1〕真没办法，如果可以早就给您便宜了。
〔错误应对2〕我也诚心卖，但这个价格真的不行。
〔错误应对3〕我知道，但这是公司规定，我也没办法。

"真没办法，如果可以早就给您便宜了"，这种回答是在告诉顾客：别做梦了，降价肯定是不行的，你要买就买，不买拉倒。"我也诚心卖，但这个价格真的不行"，属于非常直接地拒绝对方，让人觉得没有任何回旋的余地。"我知道，但这是公司规定，我也没办法"，导购拿公司规定做挡箭牌，显得自己很无奈，置公司于一个非常冷漠、不近人情的角色，容易引起顾客反感。这几种回答都没有正确引导顾客，也没有给顾客台阶下，属于消极的直线性思维。

实战策略

回头客是最有现实成交价值的顾客。有研究表明,回头客的购买率在70%左右。所以,我们要认真对待回头客,踢好临门一脚。具体而言,首先一定要给顾客留足面子,因为回头的顾客一般会觉得有点不好意思,并且心理上会有一些焦虑,所以导购应该更真诚地与顾客沟通,同时将货品的利益点突显给顾客,用略带兴奋的语调推动顾客立即做出购买决定。当然,对于一些有讨价习惯的顾客,我们也可在自己的权限内适当给予让步。但让步是有技巧的,导购让步的时候一定要先死守防线,在给足顾客面子的前提下又坚守底线,最后再找台阶,以少量让步最终达成交易。

就本案例而言,我们认为导购有几种选择:在给顾客面子的前提下强化利益,坚持不让步;或直接询问对方,在不降价的前提下怎么做才可以成交。当然,我们用得最多的一种方法还是首先坚守防线,然后适当让步。

话术模板

话术模板A

导购:王姐,我看您今天来过好几次了,我都有点不好意思了。只是,您的要求我确实满足不了,但我也想促成您这一单。王姐,您觉得除了价格之外,我还能做些什么呢?我真的很有诚意,王姐。

> **点评**
> 首先真诚地向顾客表明自己为顾客着想的心情,然后直接询问顾客,除了价格之外,我们应该怎么做才可以成交,让顾客来指引成交方向。我们都做得这么"仁至义尽"了,通常顾客此时都不会太挑剔。

话术模板B

导购：是啊王姐，您上礼拜也来过，这款产品确实很适合您，我看得出来您也是真心喜欢，但价格上真的让我为难了。这样吧，王姐，折扣上我确实满足不了您，您来了这么多次，算起来也是朋友了，我个人送您一样非常实用的小礼物，您看这样成吗？（不等回答立即去拿赠品，只要顾客默认赠品即可成交）

点评

确实有这样的顾客：在价格上拼命纠缠，不达目的誓不罢休。此时，顾客能否得到折扣已经成为面子问题，所以导购在不破坏公司制度的情况下，可以灵活地做些适当的让步，这么做通常更有利于成交。当然，最后阶段的让步最好不要在价格上做出过大的调整，这么做会让顾客养成不好的习惯。该案例中使用的是赠品的方式，我个人认为非常好，建议各位可以借鉴使用。

王建四观点

让步是有策略的，坚守后再灵活让步，让顾客珍惜。

延伸链接

门店的最高目标：让顾客满意

最近看到一个故事，让我感悟颇多。故事情节大致如下：在一场激烈的战斗中，上尉忽然发现一架敌机向阵地俯冲下来。照常理，发现敌机俯冲时要毫不犹豫地卧倒。可上尉并没有立刻卧倒，他发现不远处有一个小战士还站在那儿。他顾不上多想，一个鱼跃飞身将小战士紧紧地压在了身下。此时一声巨响，飞溅起来的泥土纷纷落在他们的身上。上尉拍拍身上的尘土，回头一看，顿时惊呆了：刚才自己所处的那个位置被炸成了一个大坑。

这个故事告诉我们一个道理：帮助别人就是成就自己，一个人只有在帮助别人变得强大的过程中，才能使自己也变得强大。

短短三四年时间，成都好风景家居取得了飞速发展，当然原因是多方面的，是品牌定位、货品研发、生产制造、渠道管理及物流配送等多方因素相互协调配合的结果。但让我感受最深刻的还是公司总经理王先生讲过的一句话："我们成功的秘密，就在于我们一直在想方设法地帮助我们的经销商成功！"大家都知道，很多做家具的经销商要么有实力没理念，要么有理念没实力。面对这种现实，该公司的做法是不断地帮助经销商提升门店经营管理的水平与能力，比如每年的经销商年会上必定会安排经销商培训课程，每年做两次全国店长集中培训活动，并且安排大量的全国各地终端的培训活动。经销商的素质、水平、能力明显提升，许多店铺慢慢地开始由亏损转变为持平，由持平转变为赢利，极大地增强了广大经销商经营该公司品牌的信心。

26 都谈这么久了,给我个面子,再少××元我就要了

现场诊断

在广东某知名橱柜品牌的全国经销商培训会上,有位经销商问我遇到这种情况该怎么办。各位是不是也经常遇到这种顾客呢?顾客很喜欢货品,在价格上和你狠劲儿地磨,最后撂下这么一句看似豪爽的话。

这时应该怎么做呢?告诉顾客说不可以少,还是直接答应他的要求?顾客是真的很在意甚至出不起这几十百块钱吗?当然不是,顾客只是觉得如果能够再少几十块更好,所以几十块不是问题,关键是我们要让他感觉到多付几十块是值得的。

〔错误应对1〕不好意思,这已经是最低价了。
〔错误应对2〕不好意思,我们的东西不讲价。
〔错误应对3〕没办法,我们的东西是公司统一定价。

"不好意思,这已经是最低价了""不好意思,我们的东西不讲价",暗示顾客:别费心思了,我们这里不欢迎讨价还价。"没办法,我们的东西是公司统一定价",则暗示顾客:我也认为这个价格确实有点高,但这是公司决定的,我也没有权力去改变,你买不买自己看着办吧!

实战策略

顾客永远都不会对我们说价格便宜，对价格表示异议是顾客的一种本能，也是顾客的一种习惯，所以说"我们的东西不讲价"这种话会让顾客有羞辱的碰壁感，实际上就是在驱逐顾客离开。其实很多时候，顾客并不是非得要我们给他少几块钱，他要的是一种心理满足感，或者说他只是不想花冤枉钱。

导购如果能够让顾客感觉自己这个钱花得值并且有满足感，我相信至少有50%的价格问题都可以迎刃而解。只是有太多的导购一遇到价格问题，就僵硬地拒绝或者轻易地放弃，最后以定价太高作为自己销售失败的挡箭牌，而实际上是：不是定价太高，是我们处理问题的智慧太低。

就本案例而言，导购要先认同顾客的观点，一定要将心比心地交流，让顾客认为这个价格真的无法再低了。然后询问顾客购买的真正目的，一旦取得其认可后，要迅速地用假设缔结法要求顾客立即做出决定，不可以在这个环节停留太久。

话术模板

话术模板A

导购：张姐，您是我们的老顾客了，一直都很照顾我们的生意，真的非常感谢您！所以我刚才给您的价格已经考虑到这一点了。不过虽然价格上不能再给您优惠了，但我们一定会竭尽全力地做好售后服务工作，让您买得舒心，用得放心，您说好吗？（微笑着目视对方，如果顾客默认则迅速促成）那好，张姐，我现在给您开票……

点评

所有的顾客都希望自己被认为是店铺里最重要的人

物。如果我们满足了顾客的这种心理，那么顾客就会非常配合我们的工作，哪怕是对他相对不利的事情，他也会尽可能地包容。该话术模板正是利用了顾客的这一心理。

话术模板B

导购：张姐，我们都谈这么久了，我感觉到您也是真心想要，所以如果能够再优惠，我一定会给您争取。只是真的抱歉，我想您也知道，要做出高质量，就一定需要高成本。只有高质量，才能让您买得放心，用得安心，这才是最重要的，您说是吗？（微笑着目视对方，如果顾客默认则迅速促成）

点评

首先认同顾客的感受，并且告诉顾客价格为什么不可以再降低，一定要让顾客感受到你的真诚才可以。

王建四观点

让顾客感觉自己是店铺里最重要的人，这是超级导购不愿透露的秘密。

延伸链接

不要"以貌取人"

在为客户做零售终端年度辅导的时候，我经常发现有些导购喜欢"以貌取人"，在顾客进店时就下结论，想当然地认为某人会买东西，所以热情迎接；某人只是看着玩的，所以不理不睬，结果错失了订单。其实这种想法有失妥当。下面几段话出自一位营销人之口，也许可以给我们一些感悟。

我收到了一封电子邮件，从邮件中可以看出，他对国际贸易的游戏规则一窍不通。但我绝不认为他是骗子，也许他是一位新手，在不久的将来，他将成为我们忠实的合作伙伴。

我收到了一封电子邮件，在邮件中，他对我们的产品提出了太多可笑的问题。但我绝不认为他是骗子，也许他已经从他的客户那里接到了订单，却对这个产品还不够了解。

我收到了一封电子邮件，他要求我们提供更详细的技术和价格信息。但我绝不认为他是骗子，因为除了我们的竞争对手对这些问题感兴趣，我们未来的买家也同样感兴趣。

我收到了一封电子邮件，他千方百计地让我们送给他免费的样品。但我绝不认为他是骗子，也许他对我们的优质产品认知太少，现在他还不愿意花钱购买我们的样品。

我收到了一封电子邮件，这已经是他的第N封邮件，一年多断断续续的交流，到现在也没有做成一笔生意。但我绝不认为他是骗子，也许我们的产品还有一些不足，现在还不能完全适合他那里的市场。

我绝不认为他是骗子——绝不是为了别人，仅仅是为了我自己，因为我的工作就是沟通。我不能把任何机会拒之门外，每天，我都要用自己的激情去播种希望。

27 东西的确不错，我也喜欢，就是太贵了

现场诊断

对顾客而言，价格永远偏高。他们总担心自己买贵了，哪怕他们再认可我们的货品和服务，最后还是会以价高为由来质疑我们。

此时，有些导购开始动摇了，尤其是一连好几个顾客都说我们的东西贵的时候，导购就开始想：是不是我们的东西真的有点贵呢？否则怎么这么多人都说贵呢？一旦我们变得不自信，自己没有底气了，沟通中的语言及肢体也就没有信心和力量，不降价或者少降价的可能性就会大大降低了。从这个角度来说，与顾客讨价还价不只是语言活，还是心理活，较量的是智慧，更是心态。

〔错误应对1〕拜托，这样子还嫌贵呀？
〔错误应对2〕姐，那您多少钱才肯要呢？
〔错误应对3〕打完六折下来也就880元，已经很便宜了。
〔错误应对4〕这样还嫌贵，那您在全国都买不到了。

"拜托，这样子还嫌贵呀"，暗示顾客如果嫌贵就不要买了，有看不起顾客的味道。"姐，那您多少钱才肯要呢"，这种说法容易使顾客对货品质量失去信赖，纯属主动挑起价格战，使得价格代替货品价值成为决定顾客购买的关键因素。"打完六折下来也就880元，已经很便宜了"，属于很无聊的语言。"这样还嫌贵，那您在全国都买不到了"，显得狂妄自大，令顾客感觉不舒服。

实战策略

店面导购到底卖什么，我们应该认真思考一下这个问题。如果我们只是把导购看作卖东西，那会很累，我们与顾客将会陷入无休止的价格战，并且最后发现卖出去的东西还是那么少。大量的终端实战经验告诉我们：导购一定要学会经营自己的个人品牌，让顾客信任自己并主动引导顾客的观念。只有首先把自己及自己的想法卖出去，才可以更好地把东西卖出去。

就本案例而言，我们可以给顾客讲道理：买东西不一定越便宜越好，关键是看是否适合自己。所以导购可以通过强调货品的卖点，告诉顾客付太多的钱并不明智，但付太少的钱风险更大的道理。付得太多，你只是损失掉一点钱，但如果付得太少，有时可能损失更多、更重要的东西，因为商业平衡的规律告诉我们，想付出最少而获得最多几乎是不可能的。导购可以这样引导顾客，并询问顾客的看法。如果对方默认，就立即用假设成交法逼单。所谓假设成交法，就是假定顾客已经决定购买。使用假设成交法前，应先询问顾客一两个问题，在得到顾客的肯定表示后再假设成交。

话术模板

话术模板A

导购：张姐，我们以前有一些老顾客一开始也这么说过。确实，如果单看价格，是会让人有这种感觉。不过，我们的价格稍微高一些是因为我们的东西……。张姐，要买就买自己喜欢的，否则不如不买，您说是吧？（如果顾客默认就立即促成）来，张姐，我现在就给您开单，您稍等！

> **点评**
> 首先认同顾客的感受，主动出其不意地承认我们的货品价格要稍微贵些，而后立即强调我们的优点，最后用一

个利益点来说服顾客,并主动发出缔结邀约。

话术模板B

导购:张姐,我承认如果单看价格,您有这种感觉确实也很正常。我们的价格之所以稍微高一些,是因为我们的质量好。张姐您知道,买对一样胜过买错三样,您也不希望东西买回去用几次就出问题吧?那多麻烦呀,您说是吧?(如果顾客默认就立即促成)那好,张姐,您稍等片刻,我立即给您打包!

> **点评**
>
> 导购要学会收集和整理一些非常经典的销售说辞,譬如:买对一样东西胜过买错三样东西。有许多顾客通常就是因为受这些语句的触动而改变自己的购买习惯的。

王建四观点

付太多的钱并不明智,但付太少的钱有时要承担更大的风险。

延伸链接

做终端,就要把顾客当女朋友来追

如果一个女孩同时被三个各方面条件差不多的男人追求,你认为谁的成功率更高呢?现实的情况通常是谁主动谁成功。此时,我们如果等待就是等着被淘汰,因为我们可以等,但是我们的竞争对手不会等,他们会主动出击,他们一主动,我们就没有机会了。所以,我们必须主动才会有机会。

其实，在门店销售中，销售人员扮演的就是这样的角色。我们要非常主动地去招呼顾客，主动去了解顾客的需要，主动地给顾客推荐货品，主动地给顾客提建议，主动解除顾客的疑虑并且主动设法与顾客成交，然后就是认真主动地做好售后服务。在零售终端，有太多的导购没有真正做到"主动"。有多少犹豫不决的顾客就是因为我们不主动，最后被其他品牌的导购主动争取过去！千万记住：就是因为三个字——不主动，这样会让我们的店铺业绩至少降低30%！因为顾客可能同时看中了几个"对象"，而你与他们相比并非鹤立鸡群。

28 算了吧，我觉得没必要花这么多钱买这么好的东西

现场诊断

顾客说不需要这么好的东西，并不意味着他真的不需要。人都希望有更好的生活，穿更漂亮的衣服，使用更舒适的家具，吃更好的食品，享受更好的精神生活。顾客之所以嘴上说不需要这么好的东西，实质上是因为他觉得没有必要，或者说他没有认识到买这么好的东西对他到底有什么好处。导购一定要摸准顾客的心理，这样才可以一方面拉他，另一方面推他。

〔错误应对1〕其实这个也不算好，还有更好的呢。
〔错误应对2〕在我们这里，这个只能算一般。
〔错误应对3〕您到那边看看吧，那边全是特价品。
〔错误应对4〕隔壁店的价格便宜些，您去他们那里看看吧。

"其实这个也不算好，还有更好的呢""在我们这里，这个只能算一般"，潜台词就是顾客没有见识，是个穷人，有贬低顾客之意。"您到那边看看吧，那边全是特价品""隔壁店的价格便宜些，您去他们那里看看吧"，则让顾客感觉导购不尊重自己，有被羞辱甚至被驱逐的感觉。

实战策略

其实顾客的要求并不高，他只是需要被尊重，这是顾客最基本的要

求。如果顾客感觉自己没有被尊重，那就会很容易被激怒，让销售过程变成争吵的过程，把导购当成自己的敌人。所以导购要谨记：不要让顾客没面子。让顾客没面子，顾客就没有好感觉；顾客没有好感觉，他就不会在我们这里买东西，道理就这么简单。

那我们应该怎么做呢？我认为无论顾客做了什么，只要他的所作所为不违反我们做人做事的原则，我们都应该尽量去包容、接纳他，尽量把话说圆，把理说通，让顾客感到至少我们是尊重他的。可我发现有些导购连顾客这么一个简单的要求都不能满足，顾客一次次被我们说得哑口无言，一次次被我们激怒得像头狮子，一次次被我们伤害。

就本案例而言，导购可以顺着顾客的意思介绍：这么好的质量才卖现在的价格已经很实惠了，然后强调货品的优点。如果顾客确实没有购买的预算，导购也可以转向介绍其他价格实惠的产品，不要非得把某样东西卖给顾客不可。

话术模板

话术模板A

导购：张姐，您真有眼光，这款产品无论在质量、做工还是功能方面确实都非常受欢迎。因为我们现在在做店庆酬宾，这么好的东西，只卖现在这样的价格，真的很划算，而且您看……（强调货品的卖点）

> **点评**
>
> 在处理顾客问题的时候，有种方法叫"飞去来法"，意思是说把顾客的问题作为自己说服对方的武器，这种方法借力打力不费力。该模板运用的就是这种技巧。

话术模板B

导购：没关系，张姐，其实我们还有几款类似的货品，性价比也非常高，卖得也特别好，并且我认为也一样适合您。来，您这边请，我帮您拿过来比较一下，请稍等！

> **点评**
>
> 我们很难将宝马卖给一个打算买奥拓的顾客，我们也没必要向一个工薪收入者推介豪华别墅。每个品牌都会有自己的目标顾客。一旦我们发现自己的推荐超出了顾客的预算，就应及时转变方向，否则就是给顾客制造难堪，也是给自己制造麻烦。

王建四观点

顾客的要求其实并不高，他只是希望得到应有的重视与尊重。

延伸链接

提高终端销售业绩的途径

到底怎么做才能提高门店业绩？我想每一个老板、每一个店长、每一个店员都在思考这个问题。其实简单地说，要提高终端销售业绩有两个途径，即增加成交顾客人数和提高客单价。当然，我们可以围绕这两点从很多方向来展开。在此，我来分享一个提升客单价的故事。

一个乡下来的小伙子去应聘城里百货公司的销售员。

老板问他："你以前做过销售吗？"

他回答说："我以前是个小商贩，在各个村子里挨家挨户上门推销。"

老板喜欢他的机灵:"你明天可以来上班了。但你快下班的时候,我会来看一下你。"

一天的时间对这个乡下来的穷小子来说太长了,有些难熬。但是小伙子还是熬到了下午5点,差不多该下班了,老板真的来了,问他:"你今天做了几单买卖?"

"一单。"小伙子回答说。

"只有一单?"老板很吃惊地说,"我们这儿的售货员一天基本上可以完成二三十单生意。你卖了多少钱?"

"30万美元。"小伙子回答道。

"你怎么卖到那么多钱的?"老板目瞪口呆,半晌才回过神来。

"是这样的,"小伙子说,"一个男士进来买东西,我先卖给他一个小号的鱼钩,然后是中号的鱼钩,最后是大号的鱼钩。接着,我卖给他小号的鱼线、中号的鱼线,最后是大号的鱼线。我问他上哪儿钓鱼,他说海边。我建议他买条船,所以带他到卖船的专柜,卖给他长20英尺、有两个发动机的纵帆船。他说自己的大众牌汽车可能拖不动这么大的船,于是我带他去汽车销售区,卖给他一辆丰田新款豪华型'巡洋舰'。"

老板后退两步,几乎难以置信地问道:"一个顾客仅仅来买个鱼钩,你就能卖给他这么多东西?"

"不是的,"小伙子回答道,"他是来给他妻子买卫生巾的。我就告诉他:你的周末算是毁了,干吗不去钓鱼呢?"

通过以上故事,我们明白了一个道理:连带销售是快速提升门店业绩的最简单方法。做连带销售首先需要的是意识;其次,要正确地选择连带销售的产品,并且在正确的时机拿给顾客。

第3章 当顾客对价格有异议的时候，你应该怎么办

29
别的地方老顾客都有折扣，你们这里怎么没有优惠呢

现场诊断

马斯洛的需求层次理论告诉我们，人都有受到尊重的心理需求，希望自己被人需要，并得到别人的尊重。其实顾客，尤其是曾经支持过我们的老顾客，他们都希望自己被认为是店铺里最重要的人，他们在潜意识里觉得自己应该得到更多的优惠。所以，我们对老顾客确实应该给予特殊对待。

如果我们可以给顾客营造这种感觉，适当给予一些只有老顾客和大客户才能享受的所谓"区别对待"，并且经常把这些话挂在嘴边，顾客就会真的感觉到被尊重，以后在价格谈判、新品购买及货品投诉等问题的处理上会变得更加配合。这对于我们终端店铺做好顾客服务，保持良好的客情关系非常有指导意义。

[错误应对1] 不好意思，我们这儿新老顾客都一个价。
[错误应对2] 没办法，我们这里对老顾客也是这个价格。
[错误应对3] 如果您是我们的老顾客，就应该清楚我们的规定。
[错误应对4] 我们都是公司统一定价，如果能低我早就给您了。

"不好意思，我们这儿新老顾客都一个价""没办法，我们这里对老顾客也是这个价格"，这两种说法会深深刺痛老顾客的心，因为这样的语言是在告诉老顾客：你是老顾客又怎么样？不要以为老顾客就可以倚老卖老。这种语言非常伤人，让顾客感觉不舒服。"如果您是我们的老顾客，

就应该清楚我们的规定",等于暗示顾客:算了吧,别撒谎了,你怎么会是我们的老顾客呢?如果是老顾客,就不会与我们讨价还价了,因为我们早就有这样的规定了。这样的语言确实会让顾客哑口无言,但如果我们让顾客哑口无言,我们实际上已经输了。"我们都是公司统一定价,如果能低我早就给您了",给顾客的感觉非常冷漠,没有让顾客感受到一丝重视与关怀,不利于顾客做出成交决定。

实 战 策 略

把商品卖出去那不是本事,在卖商品的同时让顾客不断地对你说"谢谢",这才是真正的本事。因为门店经营永远是经营未来,今天把商品卖出去并不是我们的最终目的,我们应该把商品和顾客对我们的信任一起贩卖,让顾客成为我们长期的支持者,建立自己的老顾客群,并且利用老顾客的介绍获得更多的新顾客。

对于一个经营多年的店铺来说,忠诚的老顾客是我们最重要的资产,他们在新品购买、品牌传播以及市场竞争等方面都可以给店铺带来更多的支持。零售门店销售一定要充分利用老顾客资源,可以这么说,老顾客在门店购买中占的比例直接反映了该店铺的竞争力水平。

话 术 模 板

话术模板A

　　导购:王姐是我们的老顾客,我对您心存感激,只是公司采用的是实实在在的统一定价,所以确实非常抱歉,还请王姐多包涵。不过请王姐放心,我公司下周六会搞一次针对VIP顾客的优惠活动。您今天交一点定金,届时我一定第一个告诉您,您看好吗?(只要顾客默认或犹豫则立即促成)

第3章 当顾客对价格有异议的时候，你应该怎么办

点评

首先感谢顾客长期的支持，并诚恳地告之公司的价格政策，以获得顾客的理解。然后通过优先通知VIP促销活动的方法，让顾客有心理满足感，这样做一方面给了顾客一个解答，另一方面也促成了立即成交，真是一箭双雕！

话术模板B

导购：很感谢王姐对本店的厚爱，作为老顾客，我想您一定知道，我们的价格一向实实在在的，并且我们的东西无论质量、做工还是售后服务都始终如一，因为我们希望对老顾客负责，这样您才会对我们的品牌更加满意，您说是吗？（微笑着目视对方，如果顾客默认则迅速建议成交）

点评

谢谢顾客的支持，强调我公司货品的优点以及可以为顾客提升的利益点。

王建四观点

卖出去商品不是本事，卖商品的同时让顾客不断说"谢谢"才算牛。

延伸链接

导购，请让语言更加简洁通俗

有一个秀才去买柴，他对卖柴的人说："荷薪者过来！"卖柴的人听不懂"荷薪者（担柴的人）"三个字，但是听得懂"过来"，于是把柴担到秀才前面。秀才问他："其价如何？"卖柴的听不太懂

这句话,但是听得懂"价"这个字,于是就告诉秀才价钱。秀才接着说:"外实而内虚,烟多而焰少,请损之(你的木柴外表是干的,里头却是湿的,燃烧起来会浓烟多而火焰小,请减些价钱吧)。"卖柴的因为听不懂秀才的话,于是担着柴走了。

导购人员与顾客沟通的时候最好用简单明了的语言来传递信息,而且对于说话的对象、时机要有所掌握,有时过分的修饰反而达不到目的。

有一次,我去一家电脑城调研,一位导购非常热情地接待我,很详细地帮我介绍,从产品的设计原理、功能配置,一直讲到电脑附赠配件的优点,但说了半天,我还是一头雾水,这样的介绍还不如不说。因为你说得越多,顾客越困惑,而一个对你的产品与服务非常困惑不解的人是注定不会成为你的顾客的。

第3章 当顾客对价格有异议的时候，你应该怎么办

30
我跟你们×总很熟，你不给我这个价格我就给他打电话了

现场诊断

有一种顾客，动不动就说要给老板打电话。其实他要与老板真的比较熟悉倒也好处理，最怕就是那种与老板半熟不熟的顾客，老板觉得非常闹心：折扣给多了，店铺也担当不起，毕竟每天都有各种费用支出；给少了吧，顾客又不买账，觉得我们不够意思。面对这种情况，很多老板都非常纠结。

所以，店长和导购应该体谅老板的难处，让问题在店铺里面按正常的价格权限处理掉，尽量不要推到老板那里去。其实，这种顾客大多心理比较虚荣，他们说给老板打电话也不一定真的打，或者并不是真的想要多少折扣，而是要我们给他面子，可能的话适当给点甜头，问题也就解决了，老板也不用犯难了。

〔错误应对1〕这个真不行，我没有办法。
〔错误应对2〕我做不了主，您直接找我们老总吧。
〔错误应对3〕我们老总自己帮朋友买东西也是这个折扣。

"这个真不行，我没有办法""我做不了主，您直接找我们老总吧"，这种推卸责任的做法不仅会给老板制造不必要的麻烦，而且可能降低顾客的购买热情，从而影响店铺业绩。"我们老总自己帮朋友买东西也是这个折扣"，让顾客感觉导购很冷淡，自己很无趣，这样的说法简直就是不给顾客面子，让顾客的虚荣心丝毫未得到满足。

实战策略

永远不要和顾客争吵,因为这样我们必定是输家;永远不要让顾客没面子,因为这样我们最后肯定没票子。给顾客面子,就是给自己票子,我们一定要让顾客感觉在店铺里受到重视,一定要尽量满足顾客的虚荣心。当然,这并不意味着导购要无原则地将就顾客的一些过分要求。

就本案例而言,导购既不能把问题直接推到老板那里去,给老板添麻烦,降低客单件,同时又要适当地让顾客有台阶下,从而尽快开单成交。

话术模板

话术模板A

导购:张姐,您让我为难了,您打电话给我们老板,我们老板还以为我们对他朋友招待不周。其实,我们老板因为朋友多,所以早就交代过了,只要是他的朋友,都用这个优惠价,绝对不可以跟一般顾客一样,所以待会儿还得麻烦您签个名呢。

> **点评** 真诚地给顾客讲明情况,其实那种半熟不熟的顾客也不愿意轻易给老板打电话,毕竟好像欠了别人一个多大的人情一样,关键是我们只需要让顾客感觉自己得到了优惠即可。

话术模板B

导购:张姐,其实我们老板之前也讲过,因为怕招呼朋友不周,所以特地交代,只要是他的朋友,都用这个最优惠的价格。因此刚刚给您的,确实已经是我们老板的朋友才能享受的最优惠价格。

点评

要使一个人配合你，那首先要让他有好感觉；要让他有好感觉，首先就得赞美他。赞美顾客可以满足他的虚荣心，让顾客更愿意与你合作。

满足顾客的要求是学问，拒绝顾客的要求是艺术。

延伸链接

用脑子去做门店销售

有个寓言故事可能对我们终端销售非常有启发。

一天，动物园的管理员们发现袋鼠从笼子里跑出来了，认为是笼子太低的缘故，于是将笼子由原来的5米加高到10米。结果第二天，他们发现袋鼠还是跑到外面来了，于是又加高到15米。没想到第三天，居然所有的袋鼠都跑到外面了，管理员们干脆将笼子加高到20米。这天，长颈鹿和袋鼠闲聊。"你们看，这些人会不会继续加高你们的笼子？"长颈鹿问。"很难说，"袋鼠说，"如果他们继续忘记关门的话！"

事有"本末""轻重""缓急"，关门是本，加高笼子是末，舍本而逐末，当然就不得要领。管理是什么？管理是抓事情的"本末""轻重""缓急"。门店经营与管理更是如此，人、货、场信息是经营好一个门店的根本，只有很好地协调这些因素，才可能打造出一个有竞争力的门店。如果想把门店事业做大，老板更是应该从繁忙的日常事务中适当抽身，专心来思考门店的经营。

31 顾客对东西各个方面都很满意,但了解价格后转身就准备离开

现场诊断

很多导购都觉得东西卖不好,十之八九是价格太高,其实不然。真正对价格特别敏感的顾客并不多,大概占到20%左右。大部分顾客对超出预算50%内的货品价格都是可以接受的。也就是说,价格并不是影响销售的唯一关键原因。很多时候,东西没卖好是因为我们的方法出现了问题。

[错误应对1]姐,那边有便宜点的。
[错误应对2]别走,诚心买的话,价格可以再低点。
[错误应对3]您要诚心买,那您说多少钱?
[错误应对4](喃喃自语)这人,看着玩!
[错误应对5]谢谢光临,好走不送!(不耐烦的冷淡神情)
[错误应对6](沉默不语,开始收拾货品)

"姐,那边有便宜点的",导购已经假定顾客是低价格的消费者,认为顾客只配买便宜货,顾客有被羞辱的感觉,此时顾客为了面子会坚决离开。"别走,诚心买的话,价格可以再低点""您要诚心买,那您说多少钱",此地无银三百两,说明导购在价格上缺乏信心,自己主动招致价格战。"这人,看着玩",让顾客感觉不舒服,如果导购抱着这种消极想法,不去积极推动顾客,提升门店业绩只会是个梦想。"谢谢光临,好走

不送"，导购没有做任何积极努力，并且这种负气的语言会让顾客感觉导购缺乏涵养。而导购沉默不语地收拾东西，放弃做任何努力，只能说明我们太被动，没有为提升门店业绩去做一个导购此时应该做的事情。

实战策略

做销售不可能不遇到问题，关键是遇到问题后要积极解决。导购应该明白自己的职责，做自己应该做并且顾客也希望我们做的事情。

就本案例而言，顾客对东西很满意，可能只是觉得价格超过预期而匆忙离开，此时导购应该做的就是留住顾客的脚步，打开顾客的心和嘴，真诚地提问，了解顾客离开的原因，或者继而转向推销其他价格稍低的类似款。

话术模板

话术模板A

导购：姐姐请留步，我看这款产品很适合您，请问是不是我介绍得不到位，还是您觉得哪里不适合？您可不可以告诉我，以便我改进工作？（找到原因再予以处理）

> **点评**
>
> 通过提问了解顾客离开的原因，然后针对性地解决问题。可能有的导购会说：这还用问吗？肯定是她觉得贵了。是的，可能是这个原因，但是我们一定要提问，要从顾客的嘴巴里得出答案，目的就是打开他的嘴，留住他的脚步。

话术模板B

导购：姐姐请稍等一下，我们这儿还有几个类似款卖得也很好，性价

比更高，要不我拿过来给您看看？买不买没关系，反正您都来了，我也帮您介绍一下，好吗？（转向价格稍低的类似款继续做销售）

> **点评**
>
> 导购不能鹦鹉学舌，人云亦云，没有自己的观点；也不可以过于执着、认死理，不把某样东西推销出去誓不罢休。要学会灵活但不随便，坚持但不固执。

王建四观点

顾客要的不是便宜，顾客要的是占便宜的感觉。

> **延伸链接**
>
> ### 火烧淡季，终端制胜
>
> 我们都知道销售有两种形式，即坐销与行销。坐销就是传统意义上的门店销售，而行销则是指上门推销。许多终端导购认为，我们只要接待好上门的顾客，介绍好自己的产品，并适时地引导顾客成交就算合格了。可是随着终端竞争越来越激烈，品牌塑造的压力越来越大，我们终端销售的触角必然要向外延伸，导购光以坐销的方式来做市场显然已不适合现在的竞争形势。现代终端的竞争要求专卖店的经营者、管理者必须具备行销的意识，行销就是为了更好的坐销。具体而言，在做区域市场推广与服务时，终端经销商应特别注意以下几方面：
>
> 首先，行销时机的把握。由于许多专卖店的人员配备呈饱和状态，所以行销的最佳时机建议安排在销售淡季，这样可以在不增加人力成本的情况下做好行销工作，又充分利用了淡季的人力资本。

其次，行销对象的确立。对于不同的顾客，行销目的是不一样的。比如，对新顾客的行销目的是要让他们更多地了解品牌，建立品牌的知名度，从而提升顾客的进店率。对老顾客的行销目的是要让老顾客更好地感受到品牌的优质产品与服务，让老顾客真正被我们的服务所感动，从而提高品牌的美誉度，让老顾客为我们介绍更多的新顾客，并进一步提升品牌在新顾客市场的知名度。

再次，行销内容的安排。专卖店行销不要片面地追求销售业绩，事实上，很多行销不一定会带来短期销售业绩的增长，却可以使门店未来的业绩提升。为达到上述行销目的，专卖店对老顾客要做好服务工作，对新顾客做好推广企业文化、产品等工作。无论是服务还是推广都需要增加成本，比如老顾客定期回访、免费维修服务、老顾客增值计划、新顾客小区推广活动等，这些可能都不会带来眼前利益，但是只要我们做好了今天的服务与推广工作，未来销售旺季的时候才可能会有市场的高回报，这就是所谓的"淡季取势，旺季取利"。

最后，建立系统、持续的行销制度。主动行销一定要坚持，并且进行制度化的管理。由于主动行销更多的时候是一项"眼前花钱而暂不得利"的事情，再加上专卖店事务繁杂，许多专卖店经常是想起来就做一下，没有系统的规划与持续，导致行销目的难以达到。所以，建立新老顾客市场的开发与维护制度并定期管理是非常重要的。

众所周知，现在许多行业与企业的竞争都进入同质化时代，要想走一条与竞争对手不一样的经营道路，一定要学会导入一种不一样的销售思路，做一些竞争对手想不到或做不到的事情来抢占市场。等到他们有一天想到并且去做的时候，我们已经做过了，这时我们再去做另外一些他们想不到或做不到的事情，这样就可以一直站在行业的桥头堡，将竞争对手远远地甩在身后。尤其是在大家都比较关注售前与售中服务的时候，认真努力并持续地做好售后服务与推广，不失为一种"火烧淡季，巧做品牌"的好办法。

32. 我是你们的老顾客，怎么和新顾客一样，一点优惠都没有呢

现场诊断

聪明的导购都明白：千万不要伤害老顾客，否则我们失去的不只是眼前的一个单子，而可能是一个忠诚的顾客。如果说新顾客是宝贝，那么老顾客就是无价之宝。一个店铺是否拥有一大批忠诚的老顾客，是衡量门店竞争力的重要指标。在服务老顾客的时候，我们要让他感觉到自己受到的是与新顾客不一样的特别对待，这是挽留老顾客的重要技巧。

〔错误应对1〕那我就多送您一个赠品吧。
〔错误应对2〕现在做促销，这些都是一个折扣。
〔错误应对3〕是啊，这一点我们也很难做。
〔错误应对4〕不好意思，我们新老顾客都是一个价。

"那我就多送您一个赠品吧"，这是治标不治本的回答，没有根本解决顾客提出的问题，并且增加了公司的运营成本。"现在做促销，这些都是一个折扣"，这种说法过于简单直接，容易带给顾客挫折感。"是啊，这一点我们也很难做"，如果导购对店铺的规定有不同看法，应该及时报告给老板，但只要是店铺的规定，就要坚决执行，绝不可以在顾客面前通过说公司坏话来表现自己的无辜。"不好意思，我们新老顾客都是一个价"，意思是说：我们根本不在乎你是不是老顾客，让老顾客听起来感觉寒心。

实战策略

很多时候,顾客决定买东西不是因为东西好,而是因为感觉好。所以,导购把东西卖出去固然重要,但更重要的是首先给顾客一个好感觉,只要感觉好了,其他一切都好!

更何况,许多顾客都有冲动购买的经历,他们决定购买更多是因为感觉,尤其是女性顾客。感觉好就买,如果感觉不好,即便导购说得天花乱坠,她们仍然会不为所动,甚至逃之夭夭。如何才能让顾客感觉好呢?我认为,导购一定要把握好语言艺术,把话说委婉,让顾客在门店感受到尊重,感觉自己就是这家店铺中备受重视的顾客。

话术模板

话术模板A

导购: 王姐,我知道您是我们的老顾客,非常谢谢您对我们的厚爱。只是因为这些都是特价货品,折扣本身已经非常低了,所以还请王姐理解。不过您的想法很好,我会把您的建议向老板反映。哦对了,王姐,您稍等,我现在就给您开票……(解释完后立即顺势开单)

> **点评**
>
> 许多导购在处理该问题时都简单地把责任推给公司,这是错误的。该模板首先赞扬顾客为老顾客,以获得顾客配合,然后简单说明统一折扣的原因,紧接着立即感谢顾客的建议,并表示将把建议转达给公司,让顾客感受到重视,只要顾客接受了我们的解释就顺势开单。

话术模板B

导购：王姐，您这个问题提得非常好。真是不好意思，这一点确实是我们的疏忽，我一定会将您的建议向老板反映，让老顾客和新顾客能够有所区别，真的很谢谢您的意见。哦对了，王姐，请问今天您是想看……

（解释完后立即转移到货品推荐上）

点评

敢于承认自己的问题，这样通常更容易获得顾客的谅解，并且给出处理问题的建议，比如转达更高层面处理意见等，然后顺势询问顾客需求，以分散顾客注意力。

顾客购买的不只是商品，更多时候是感觉。

延伸链接

计划购买与随机购买

不同行业的顾客，其购买行为有不同的特点，并且同一行业不同顾客的购买方式也不一样。顾客的购买方式大致分为两种：计划购买与随机购买。了解这两种顾客购买方式的特点对我们做好销售工作非常重要。

所谓计划购买，就是顾客在家里的时候就已经决定要购买什么东西，甚至什么品牌、什么功能特点都非常具体，他出门上街只是为了去买而已。这样的顾客，品牌忠诚度非常高，或者事前已经对要购买的产品非常了解。这样的顾客很可能曾经多次购买过该类产品，或者身边同事、朋友等曾经购买过，或者自己非常喜欢等。

随机购买，即顾客在离开家的时候根本就没有想过买什么东西，来到卖场后，纯粹由于受到外界影响而产生的购买行为。比如受其他人抢购、卖场促销活动的影响，或突然看到某货品并联想起家里刚好需要等。

一般来说，女人比男人、年轻人比中老年人更容易随机购买。销售人员一定要针对自己产品的顾客类型、目标顾客的年龄及性别等，有针对性地设计自己的销售思路。对于计划购买比较多的行业，销售人员应该为顾客提供更多的产品信息、购买建议，并且一定不要急于求成，因为顾客购买的时候都相对理性。而对于随机购买比较多的行业，销售人员应该更好地布置卖场，把货品陈列得形象漂亮，选择的广告语言要煽情，因为这类顾客容易产生冲动性购买。我们要做的只是将适合的产品推荐给顾客，并且想办法让顾客产生购买冲动。

本章自测题（将你认为正确的一个或多个答案填写在括号里）

1. 当顾客说"你们的东西比隔壁贵"的时候，我们可以（　　）

    A. 一分钱一分货，我们的东西好

    B. 没办法，这是公司规定的

    C. 尽量给顾客争取最低折扣

    D. 强调产品卖点，并晓之以利害关系

2. 要降低顾客对价格的敏感度，我们应该不断做好以下哪些工作？（　　）

    A. 提高经营品牌的知名度

    B. 做好卖场形象建设

    C. 店面人员提升自己的服务价值

    D. 价格问题是顾客的本能，无法解决

3. 店铺业绩与价格的关系是（　　）

    A. 东西贵就不好卖，向老板争取低价

    B. 对于优秀的销售人员来说，即使不降价照样卖得好

    C. 业绩不好，与价格的关系非常大

    D. 保持价格稳定，不降价或少降价

4. 顾客说："你们的东西再便宜50块我就拿了。"此时我们可以说（　　）

    A. 您觉得价格与质量哪个更重要

    B. 对不起，我只能让您20块

    C. 除了价格外，您觉得服务重要吗

    D. 不行，哪里便宜您到哪里去拿吧

第4章

顾客对优惠折扣有异议,你应该怎么办

33 你们的东西可不便宜，能打几折呀

现场诊断

您是否遇到过这种顾客？他们进店没看几分钟就问打几折，如果你说不打折，顾客转身就走了。如果你告诉顾客打几折的话，又降低了货品的价值。如果你不告诉他们，他们就会觉得你心里有鬼而生气地离开，因此很多导购左右为难。

其实我发现，顾客对价格最敏感的时候不是他喜欢或者不喜欢货品的时候。因为他喜欢的时候，没有办法跟你讨价还价；而不喜欢的时候，他根本不想和你讨价还价。所以，顾客对价格最敏感的时候一般都是在他觉得可买可不买的时候。知道了这个道理，我们就能明白，在顾客进店不久对产品没有建立好感觉之前，我们要做的就是引导顾客体验。

〔错误应对1〕打折可能要再等一阵子。
〔错误应对2〕对不起，我们从来不打折。
〔错误应对3〕不好意思，我们这儿不讲价。

"打折可能要再等一阵子"，暗示顾客等一阵子来买会比较划算，这种说法延缓了顾客做出决定的时间，降低了销售效率。"对不起，我们从来不打折"，等于告诉顾客：想要打折没门儿，所以不要跟我讨价还价。"不好意思，我们这儿不讲价"，这是我们很多店面导购经常重复的一句话，导购说起来确实很流利、很舒服，但是给顾客的感受非常不好，其暗

含的意思是：我们这里不欢迎讲价，不要浪费大家的时间。这些沟通方式都会让顾客有碰壁的感觉，认为自己不受欢迎，属于非常消极的情绪反应。这种消极情绪一点一点地积累，就会令顾客产生很不好的感觉。导购这样说，事实上就是在驱逐顾客。

实战策略

尊重顾客不代表事事唯唯诺诺，我们没必要也不可能答应顾客的所有要求，顾客提出的异议也不一定全部正确合理，学会适当地对顾客说"不"，也可以获得顾客的尊重与理解，关键是我们如何说。在拒绝顾客前，我们可以首先对顾客的想法表示认同，其次通过使用"抱歉""对不起""您确实让我为难了"等语言委婉地表示拒绝，最后可以围绕我们的独特卖点、价格策略、贵宾卡等方面去解释，以取得顾客的认同与理解。

就本案例而言，因为考虑到顾客对产品本身没有具体的体验，所以导购要迅速转移话题，将打折的问题转移到产品是否适合顾客的需求上，进而再转移到产品体验上去，毕竟产品才是我们关注的焦点。

话术模板

话术模板A

导购：姐姐，您说得对，我们的东西价格上确实没有很大优势，那是因为我们的……（设计、做工、售后等）做得好，所以我们的东西照样卖得好。再说，买东西也不能只看折扣，适不适合自己其实更重要，您说是吧？要不您先了解一下吧，买不买没关系！

点评

首先诚恳地承认自己的产品价格稍微贵点，让顾客感觉我们很真诚，从而增加信任，同时给顾客留下本店货品质量很好的感觉。然后解释为什么我们的货品价格要稍微贵点，最后告诉顾客买错东西的痛苦后果。

话术模板B

导购：张姐，我们除了在促销期间偶尔有些优惠，平时都是采用实实在在的统一定价，所以在价格上真的帮不了您了。不过考虑到您来了这么多次，也是真心想买，我也诚心想卖，您看这样好吗？我们给您……（转向礼品）。张姐，您再看看东西吧，毕竟我们买东西关键还是要质量好，您说是吧？

点评

首先向顾客解释公司的统一定价政策，然后提出赠送礼品的建议，既避免了与顾客进一步在价格上的纠缠，又让顾客感觉到我们的诚意。

王建四观点

货品不是因为价格高而卖不出去，是我们没有方法把价格高的东西卖出去。

延伸链接

如何处理浅色货品被顾客摸来摸去的问题

有一天，我在成都蜀都大道的水碾河附近逛街，发现路边一个家纺店铺里，一床浅色被罩上放着一个警示牌，上面写着"浅色，不买勿摸",意思是说:不买的就不要摸,摸了就要买。试想一下,谁还敢触摸这床被罩呢?可如果顾客不触摸体验,又有几个人会买呢?所以,门店这么做明摆着就是不想把自己的东西卖出去。

我们开店的主要目的是什么?不就是把东西卖出去吗?如果像上面说的那样竖个警示牌,我们自己是省事了,但是东西卖不出去,又有什么意义呢?所以,这种治标不治本的方法不是解决这个问题的好办法。我们应认真寻找一些既不影响销售,又可以尽量避免该问题出现的解决方法,这才是正确的思路。在此,我提供几个已经被证明行之有效的小技巧,供各位参考。

1. 定期调整浅色系产品陈列区域。比如将浅色系产品放在人流量相对少的区域,以降低产品被频繁触摸的概率。

2. 同款浅色系产品定期变化陈列。比如,浅色系产品陈列三天就用同款替换掉,根本不给它看起来"很脏"的机会。

3. 事后适当处理。如果确实有的产品出现了发黑、变脏,在不影响销售的情况下,可以事后做些适当的处理。

4. 特价处理。以"样品"的形式,用特价方式处理掉。

5. 话术技巧。如果顾客要求体验浅色货品,营业员也可采取一定技巧,比如稍微面露难色,告诉顾客"本来浅色是不让试的,但您还是试一下吧,不然看不出效果",要让顾客感觉受到优待,他就会倍加小心。

34
我今天只是先看看，等你们打折的时候再来买

现 场 诊 断

顾客购买货品，尤其是家居建材等耐用消费品，都喜欢提前准备。他们会先到市场上到处搜集资料，为日后购买储备信息。因为使用需求并不是非常迫切，所以顾客提出上述问题非常正常。

导购要清楚，任何货品都有优点，也有缺点。导购要抓住自己货品的卖点去说服顾客，而不可以总是将眼睛盯着货品的缺点。如果我们只盯着缺点而不看优点，那么我们的东西永远都不可能卖得很好。

〔错误应对1〕还不知道什么时候打折呢。

〔错误应对2〕其实我们现在也有打折呀。

〔错误应对3〕难得碰到合适的，干吗要等呢？

〔错误应对4〕打折时货品不齐，可能没有适合您的。

"还不知道什么时候打折呢"，相当于告诉顾客这个货品要打折，但时间未定，如果想买便宜货就到时候再来吧。"其实我们现在也有打折呀"，容易使我们与顾客陷入价格战的争议之中。"难得碰到合适的，干吗要等呢""打折时货品不齐，可能没有适合您的"，实际上是告诉顾客"等"的不利之处，但没有主动引导顾客向购买的方向前进，不利于顾客立即做出决定，并且导购也应避免用质问口气与顾客说话。

实战策略

其实，做活动的时候虽然价格要稍微便宜一些，不过容易出现缺货、缺款等现象。如果顾客现在买，货源充足，也可以提前备货，保证正常使用，或者可以带给顾客一些其他利益。导购可以将这些道理告诉给顾客，并且推动顾客立即购买。如果顾客确实想在季末打折的时候买，我们也可以首先认同顾客，然后请求顾客留下电话，以便届时通知。

话术模板

话术模板A

导购： 没关系，王姐，您可以先看看。其实我们现在也有折扣，虽然没有做促销的时候低，但现在货品充足，不会出现缺货的情况。而且您看的这款产品非常热销，我比较担心，您喜欢的这款产品到时候还有没有货，如果没有，那多可惜呀，您说是吗？

> **点评**
> 首先释放顾客的心理压力，鼓励顾客体验产品，然后告诉顾客现在购买的利益，以及等到打折再买的不利之处。

话术模板B

导购： 王姐买东西真的很会选时机。不过也是，大家赚钱都不容易，能省一点当然更好。这样吧，王姐，您可以留个电话，我们近期可能会有一个力度很大的促销活动，到时候我第一个通知您过来，您看好吗？不过，如果您真心喜欢，我还是建议您现在买，因为这款产品特别热销，我真担心到时候还有没有。

点评

首先认同顾客的想法，然后要求顾客留下联系方式，最后话锋一转，促使现场成交，真正做到了软硬兼施。

成功不是因为快，而是因为有方法。

延伸链接

借力打力不费力的销售策略

20世纪50年代，美国福雷公司在美国黑人化妆品市场占据着垄断地位。相比之下，它的竞争对手JOHNSON黑人化妆品公司只有3个员工。在这种力量与资源相差悬殊的情况下，如何巧妙地借力并快速发展，是JOHNSON的经营者一直在冥思苦想的问题。

他们的做法是：在推销中用名牌来烘托自己的产品。他们要求自己的导购人员在推销产品时，都要加上这样一句话："您用过福雷的产品后，再涂上我们JOHNSON的产品，将会收到意想不到的效果。"导购们都非常困惑：老板为什么要这么替人家做免费广告？老板微笑着问导购："如果你们今天与美国总统坐在一起喝茶，请问是不是更容易成为全美国家喻户晓的人物呢？是的，他们名气大，而我们现在几乎没有几个人知道，所以我们才要这么做。"

JOHNSON的这种导购技巧很快得到了市场回报，产品销售量一天天上升。公司赢得了第一桶金后，将利润的大部分投放在市场推广上，再加上正确的产品策略指引，JOHNSON公司的业绩与知名度同步飞跃发展，短短几年时间就把福雷公司挤下了市场老大的位置。

35 我不要你们的赠品和积分，你换成折扣给我吧

现场诊断

随着各类商城越来越多，商业竞争也越来越激烈。我发现很多商城和商家最喜欢做的一件事就是做活动。现在的促销活动各种各样，用"层出不穷"来形容一点都不夸张，但许多行业的促销活动搞来搞去就那么点东西，没有什么很高的技术含量，无非是让利打折或者送东西，最后钱花了不少，精力也没少付出，可顾客对促销没有感觉，整个促销活动没有什么明显效果。

其实我不排斥有目的地适量促销，但我一向不主张在终端恶搞促销。如果我们只是通过做活动刺激业绩快速增长，我觉得那是不健康的增长。这样的快增长不可能持久。我一直认为，促销就像味精，味精可以吃，但是不能吃得太多。但现在我国的零售业，无论是家居建材还是鞋服、电器等行业的零售卖场，基本上都把味精当成大米来吃。

〔错误应对1〕不好意思，我没这个权限。

〔错误应对2〕您可真会算呀！

〔错误应对3〕如果像您这样，我们要亏死。

〔错误应对4〕不可能，赠品是赠送的，不能抵现金。

"不好意思，我没这个权限"，是一种推卸责任的说法，相当于说可以，但要请示老板才行，可能将问题扩大，并上推给老板。"您可真会算

呀""如果像您这样,我们要亏死",让顾客感觉导购认为自己是那种特别抠门的人。"不可能,赠品是赠送的,不能抵现金",这种直接拒绝过于简单化,给顾客强烈的挫折感,并且也没做具体解释,属于结果导向的解答方式。

实战策略

不是顾客的每个要求都是合理的,导购有时候也要学会委婉地拒绝。所谓委婉拒绝,就是既要给顾客面子,又要拒绝顾客的要求,并且最后要引导顾客朝着成交的方向前进。

就本案例而言,导购可以给顾客解释赠品与价格的关系,并同时强调赠品的价值;或者告诉顾客货品与赠品的关系,强调货品的优点。

话术模板

话术模板A

导购:张姐,赠品是我们公司在正常的价格上额外赠送给您的礼品,这些赠品都是我们公司特意为顾客精心挑选的,很多顾客都很喜欢,而且也很实用,您平时可以……(解说赠品用途,并与顾客的特点相结合)

> **点评**
>
> 向顾客解释赠品与价格的关系,然后侧重强调赠品的优点与利益,鼓励顾客接受赠品,以此来推动开单。

话术模板B

导购:张姐,大家买东西都希望能再便宜点,不过赠品是拿来送给顾客的礼品,确实没办法抵换折扣,这一点还请您多多理解。张姐,其实我们买东西最关注的还是喜不喜欢，赠品只是锦上添花，您说是吧？

点评

以举例的方式向顾客解释货品与赠品的关系，然后侧重强调所购买货品的优点。

不要与顾客争论价格，要与顾客讨论价值。

延伸链接

终端如何规范顾客接待流程

我们身边有许多零售人员都遇到过不被顾客尊重的情况，他们经常感觉自己是在低三下四地卖东西。当然，这其中的原因是多方面的，在此，我想就顾客接待这个环节与大家分享一些认识。

1. 针对第一次进店的新顾客。

（1）导购精神状态准备：愉快、轻松、面带微笑。

（2）导购站位位置准备：人员合理分布，站在非主通道上，离入口保持至少5米，不能站在有障碍物遮挡的地方。

（3）顾客接待动作准备：顾客进店后，不可以直接快步前迎，如果与顾客距离在5米以内，应原地招呼；5米以外，可慢步移动，保持5米以内距离即可。

（4）招呼顾客语言禁忌：首先，不可以直接询问给顾客带来过大压力的问题，比如"先生，看（买）家具吗""先生，需要我服务吗""先生，我给您介绍一下吧"等；其次，不可以喋喋不休地做产品介绍。

（5）招呼顾客的两种方式：

第一，针对意向顾客可用切入式招呼，即用略带压力并便于回答的问句招呼，比如"先生，看您很面熟，请问您是不是昨天上午来过我们店"，或者"先生，您以前听说过这个牌子吗"等。一旦顾客接话，再因势利导地引导顾客向购买的方向前进。这种方法对导购人员要求比较高，但工作效率也比较高。

第二，针对闲逛客可以用传统方式招呼，即用几乎没有压力的语言招呼顾客，比如"先生，早上好""姐，欢迎光临××专卖店"等。这种方式虽然没有给顾客压力，导购自己遭到拒绝的风险也几乎为零，但工作效率相对比较低，适合于工作经验不足的新员工。

2. 针对多次光临的老顾客。

（1）导购精神状态准备：高兴、面带微笑。

（2）顾客接待动作准备：顾客进店后，可敏捷地前迎，并与顾客保持2米以内的距离；给顾客送水、小糖果等礼物。

（3）招呼顾客语言准备：首先，不必过于拘谨地招呼顾客，要表现得尽量放松，询问顾客一些压力不太大的问题，从中了解顾客的想法，比如"张先生，您与夫人商量后的结果如何"，或者"张先生，您可能也看了很多其他的品牌吧，您现在考虑得怎么样了"等。

针对终端导购在招呼顾客阶段存在的问题，上面的接待顾客流程配合一些话术模板的运用，加上现场辅导、工作督导，以及导购的演练、练习与再练习等，我们招呼顾客的时候会更加高效，既提高了工作的主动性，又降低了被顾客拒绝的概率，可以很大程度上提升零售终端的成交率。

36 你们怎么会不打折呢？比你们好的××品牌都打×折呢

现场诊断

一些店铺的老板和店长经常会遇到顾客这样的抱怨，他们不知道该怎么回答才好。当然，能不打折自然最好，既不损害品牌形象，又能够把东西卖出去，赚取更多的利润。但如果我们的货品没有足够的优势，我们的品牌还不足够响亮，销售还不足够精细，并且在产生库存后又没有一个完整的库存下水通道，此时依然坚持不打折，只能使货品积压，资金压力增大。

所以，有些店铺在自身实力不足、不具备坚守条件的情况下，被迫无奈地随行就市、频繁促销。当然，经常性的价格变动必然会给品牌形象及顾客忠诚度带来巨大的挑战，顾客会感觉自己被品牌耍了，自然也就越来越不把品牌当回事儿。

那到底应该怎么做呢？我个人认为，基于当前的竞争形态、顾客消费心理及产业差异等，采用折中的平衡法更符合中国的具体国情。

〔错误应对1〕（沉默不语）

〔错误应对2〕没办法，这是公司规定！

〔错误应对3〕像您这么有钱，不会计较这点折扣吧？

沉默不语相当于默认顾客的说法，给顾客传递了一个"没有折扣不合理"的信息。"没办法，这是公司规定"，基本上没有做任何积极解释，没有说服力，属于推卸责任的说法。"像您这么有钱，不会计较这点折扣吧"，极易招致对方的反驳，毕竟现在每个人赚钱都不容易。

实战策略

　　这个世界上没有十全十美，也没有一无是处。只要我们愿意去发现，任何问题都会有解决的方法。对于顾客提出"为什么你们不打折"的问题，看似无从回答，但只要转换一下看问题的角度，就会发现这个不好处理的问题其实可以变成我们说服顾客立即购买的理由。

　　就本案例而言，导购可以向顾客解释其他公司打折而我们不打折的原因，告诉顾客我们采取不打折策略可以给顾客带来什么好处，以取得顾客的理解。

话术模板

　　导购：张姐，可能您是第一次来我们店，还不大了解我们，我们品牌一直采用明码实价、统一折扣的方式，而且关键是我们的最大优势不是价格，而是我们的……（强调我们的优势）。张姐，请问今天您想看……

> **点评**
> 首先告诉顾客不同公司采取的不同折扣只是一种市场策略，然后向顾客说明我们公司价格策略的优点，并顺势引导顾客回答今天来店的目的，将问题的焦点转移。

王建四观点

店员要处处维护公司利益，坚决不做不负责任的事。

> **延伸链接**

家居建材就得这样做小区推广

现在的家居建材零售竞争越来越激烈，顾客的争夺也日趋白热化，从以前的店铺争夺发展到商城电梯口、停车场、居民小区甚至顾客家门口的争夺。而这其中，小区推广是近年来用得比较多的低成本推广方式之一。如何做好小区推广呢？

第一，进行楼盘分类，评估开发价值，确定进驻方式。首先要判别楼盘的类型，比如商品房、集资房、拆迁房、出租房、别墅等。在对楼盘进行逐个分析后，评估该楼盘是否值得进驻，也就是评估该楼盘进驻的投入产出比。

第二，对物业管理处进行公关，争取以较低的成本进驻。

第三，建立专职小区推广队伍。小区推广队一般由3人（最少1人）组成，主要工作包括营销策划、推广设计等。个别活动可能还需要人员常驻小区，以配合推广工作。

第四，准备进驻前的物料清单，包括礼品类、宣传手册、帐篷、形象台、桌椅、X架、KT板、易拉宝、横幅、户外广告牌等。

第五，正式进驻、接待与介绍产品。

第六，参观预约登记。对于一些有意向的客户，可以建议他们到市场详细了解。

第七，开展团购。团购分两种方式，一是由有影响力的人召集进行集体购买，二是利用BBS进行网上招募。

第八，进行小区回访，宣传口碑。在回访过程中，要善于利用已选择我们产品的客户进行口碑宣传，可以对老顾客实行促销政策，比如如果介绍一位业主成交，公司给予百分之几的奖励或赠送礼品。

37. 买一件不打折也就算了,我买三件也不打折呀!那我一件都不买了

现场诊断

买得多优惠就多,这是顾客的普遍心理。各位,相信你们一定也遇到过这样的顾客吧?终端人员在处理问题时,要既有原则性,又有适当的灵活性。当然,这个灵活性不只是直接给折扣,它包括用真诚的态度说服顾客,或者通过其他方式(比如送赠品等)给顾客台阶下。有些顾客有讲价的习惯,但也有一些顾客只是为了给自己一个台阶下,对于这类顾客,可能给他个台阶他就买五样了,而如果我们做得没有一点灵活性,加上导购沟通不当,最后的结果可能是一样东西都卖不出去。

〔错误应对1〕那您自己考虑吧。
〔错误应对2〕这个价确实已经很便宜了。
〔错误应对3〕不要这样,您知道我们也很难做。

"那您自己考虑吧",看似给了顾客很大的购买决定权,但事实上顾客此时对这几款产品都有兴趣,他处于购买成交的边缘地带,如果导购此时给他一个台阶下或者再主动推一把,顾客可能几件都买。但如果导购完全不去推动,反而说些风凉话,那就是在驱赶顾客离开,可能将本来到手的业绩推到竞争对手那里去。"这个价确实已经很便宜了""不要这样,您知道我们也很难做",这两种说法不仅缺乏足够的说服力,而且有乞求

顾客怜悯的感觉。

实战策略

"话语未到，货卖不好；话语一到，货卖三俏。"导购语言在店面销售中有举足轻重的作用。因导购语言不当导致店面无意识驱逐顾客离店的事情每天都有发生，只不过我们被蒙在鼓里，还在继续用错误的方式与顾客沟通。我们每个店其实每天至少都少卖了一两件东西，可终端管理者却并不知情，所以这样的情况在门店将继续存在下去。

导购的话说对了，产品就可能变成销售额与利润；话说错了，产品则可能变成库存而被积压。所以，导购的语言修炼非常重要，一定要讲究把话说圆，让顾客听起来舒服。

就本案例而言，导购可以首先认同顾客的感受。如果顾客还是不依不饶，则以向老板申请或者送赠品等方式达成共识。此时，导购一定要让顾客感觉到我们在尽力帮助他解决问题。语气要真诚，态度要诚恳，这样即使最后没有给予任何实质性让步，顾客也明白我们确实已经尽力了。很多时候，顾客并不一定就是冲着那点折扣，关键是要找到一个购买的理由。

话术模板

话术模板A

　　导购：是的，王姐，我可以理解您这种心情。如果我是您的话，我也会认为买得多就应该得到更多的折扣。不过话又说回来，一款产品要做到质量这么好、款式又让您喜欢确实不容易。王姐，如果质量不好，即使价格再便宜，您也不会考虑的，是不是？其实这款产品最重要的还是……（加上卖点），如果您不买真的很可惜！这样吧……（加上赠品处理方式）

点评 首先认同顾客要求打折的想法，然后告诉顾客我们产品的优点或介绍公司的价格政策，最后转移到赠品上作为让步，促使顾客成交。

话术模板B

导购：哎呀，王姐，那真是太可惜了，因为这几款产品都特别适合您，少了哪一样都挺可惜。这样吧，我个人一定会尽最大努力去帮您申请，麻烦您先稍候（让顾客知道你在为他申请）。……王姐，实在抱歉，价格上确实没办法，因为……（加上货品优点等）。不过我向老板争取到了一个非常实用的礼品，一份心意，还请您收下！

点评 以遗憾的口吻与顾客沟通，以向老板请示的手段让顾客感觉我们在尽力为其想办法争取，最后实在不能完全满足顾客的要求，顾客也会理解。当然，如果我们能以赠品等为代价达成成交就最好不过了。

王建四观点

尽量不让步，实在不行也要让顾客明白你在尽力帮他争取。

延伸链接

家具导购顾问式销售必备常识

家具作为房间布置的主体部分，对居室的美化装饰影响极大，所以，家具消费已经日渐成为一种消费新时尚。家具的不同摆放方式往往可以体现主人的不同价值观、审美情趣及生活情调。如果家具摆设得不合理，不仅不美观，而且不实用，甚至会给生活带来诸多不便。相反，摆放位置正确，房间就能得到合理利用，并给人以舒适清爽之感。人们通常把一间住房分为三区：安静区离窗户较远，光线比较弱，噪音也比较小，摆放旋转床铺、衣柜等较为适宜；明亮区靠近窗户，光线明亮，适合看书写字，以放写字台、书架为好；行动区为进门室的过道，除留出行走活动地盘外，可在这一区放置沙发、桌椅等。

家具的布置应该大小相衬、高低相接、错落有致。若一侧家具既少又小，可以借助盆景、小摆设和墙面装饰来达到平衡效果。高大家具与低矮家具还应互相搭配布置。高度一致的组合柜严谨有余而变化不足；起伏过大的家具组合，又易造成凌乱的感觉。所以，不要把床、沙发等低矮家具紧挨大衣橱，以免产生不平衡感。可以把五斗柜、食品柜、床边柜等作为过渡家具，以获取生动而有韵律的视觉效果。

如果房间装饰一新，配置的家具又造型新颖、色彩悦目、用料考究、功能齐全，无疑会使居室"锦上添花"，否则事与愿违，甚至遗憾终生。

在造型上，要求每件家具的主特征和工艺处理一致。比如，一套家具中，各家具腿的造型要一致，不能有的是方柱腿，有的是圆柱腿，那样会显得十分不协调。同时，各家具的细部处理也要求一致，比如抽屉和橱门的拉手，最好都呈一致的造型。

在功能上，因每套家具的件数不等，其功能便有多少之分。但每套家具均需具有睡、摆、写、贮等基本功能。若功能不全，就会降低家具的实用性。至于挑选什么功能的家具，应根据室内面积及室内门窗的位置统筹规划。在尺寸上，要求比例协调。

38
折扣和赠品只能二选一，可顾客既要折扣又要赠品，怎么办

现场诊断

在为福建某国内著名橱柜品牌做全国经销商培训期间，我调研了该公司在成都的几家店铺，发现北门富森有一家店铺在做促销活动：五一节当天购买××橱柜×套餐者可获赠iPhone 6或额外再享受8.5折的优惠，两者二选一。

我发现，现在有越来越多的家居建材门店都在这么做。其实这种做法大有问题，纯粹是给自己制造麻烦，事实也证明了这一点：很多顾客在准备购买产品时，都本能地想同时要折扣和赠品。

〔错误应对1〕我们打折之后就不能送赠品了。

〔错误应对2〕您要么选打折，要么就选赠品。

〔错误应对3〕真的没有办法这样做，我们已经给您打折了。

〔错误应对4〕其实这些赠品很便宜，您外面买也花不了几个钱。

前三种导购语言都属于机械直白的解说，没有任何说服力，相当于没有给顾客任何解决办法。"其实这些赠品很便宜，您外面买也花不了几个钱"，给人的感觉是顾客贪图小便宜，而且也有自我贬低的味道。

实战策略

首先,尽量不要将折扣和赠品同时推出,这种让顾客选择的做法增加了销售的难度。当然,一旦遇到类似问题,导购要学会"打太极",处理问题时尽量少一点直线性思维,即少给顾客简单直接的否定或肯定。我们要想方设法通过认同的技巧获取顾客的好感,将客情关系做到位,然后再解决问题就会容易很多。

就本案例而言,导购可以给顾客出谋划策,并据此确定自己主推的方向,而不能任由顾客选择。可以围绕以下几点开展工作:要么强化赠品价值并推荐赠品,要么弱化赠品而推荐折扣,要么做出让步,告诉顾客如果活动结束后有多余赠品可以为他保留。

话术模板

话术模板A

导购:王姐,看得出您很喜欢我们公司的赠品,只是真的很抱歉,活动期间我们公司只能给顾客一种选择:折扣或是赠品。其实我觉得赠品很不错,如果在外面买要花不少钱呢!我建议您考虑我们的赠品,因为这些赠品很有实用价值……(介绍赠品优点)

> **点评**
>
> 在遇到问题时,我们一定要主动提出解决方案。该模板中真诚地介绍公司政策,然后侧重强调赠品价值,并推荐顾客选择赠品。

话术模板B

导购:王姐,其实我也想满足您的要求,反正东西又不是我花钱买,只是真的抱歉,公司规定只能选择折扣或赠品,而且要严格核对赠品数量,所以我真的很为难。其实,我觉得您还是选择折扣好一点,因为这款产品确实非常适合您,您也不是因为赠品才买的,您说是吧?

点评

先做认同,获取顾客的好感,然后给顾客讲道理,获得顾客的理解,最后再侧重强调产品的优点,并推荐顾客选择折扣方式。

话术模板C

导购: 哎呀,王姐,您真的让我为难了,一方面我不想让您失望,另一方面公司明文规定只能让顾客二选一,确实没办法让您同时拥有,还请王姐多包涵。(如果顾客仍不愿接受)王姐,看来您的确喜欢我们的赠品,那这样吧,如果活动结束后,确实有多余的赠品,我一定给您留一个,您看这样好吗?(活动结束后,无论有没有赠品都要给顾客电话)

点评

委婉地拒绝顾客的要求,如果实在不行则以退为进,这样我们至少可以掌握主动。

王建四观点

导购应学会"打太极",主动给顾客提建议并确定主推方向。

延伸链接

终端货品陈列应考虑的因素

现在零售终端的竞争日趋激烈,已经从品牌、服务、物流、货品等延伸到卖场形象、终端陈列等方面。可以说，一个好的货品陈列本身就像一名无声的推销员，容易发现、容易选择的货品陈列可以为顾客呈现良好的视觉效果，让顾客感觉舒服，同时也给顾客提供了一个商场货物摆放的指南。商家还可以通过陈列来控制库存货品数量，确定货品的最低陈列数量，为订货和补货创造条件。

货品陈列应该考虑的原则及因素：

1. 货架使用率要有效，销售额应与陈列面积成比例；

2. 确认当前货架的背面是哪一面、哪一类别，保持货架的平衡；

3. 货品的分类要明确；

4. 同类别的货品陈列在一起；

5. 相同品牌的货品要陈列在一起；

6. 相同品牌或细分类中的货品应以水平或垂直方向排列；

7. 不同货品之间留一指距离；

8. 体积小的货品位于货架的顶部，体积大的货品位于货架的底部；

9. 重的货品不要摆放过高；

10. 不要把挂的货品挂在层板底下；

11. 每个挂钩只挂一个单品；

12. 畅销品或可能成为畅销品的陈列面积要比一般货品的陈列面积大；

13. 高毛利的畅销货品应陈列在人的视平线范围内，以吸引顾客注意力，有助于销售；

14. 陈列顺序的方向性，跟着动线走；

15. 确保顾客方便、安全地拿取货品；

16. 货品是放在层板上还是用挂钩；

17. 货品的包装是否显眼，是否会影响顾客购买；

18. 价格因素；

19. 弹性空间，安排促销。

39 ××品牌不光打折,而且还有赠品呢

现场诊断

货比三家是消费者的购买习惯,又打折又送赠品也是我国很多店家,尤其是百货卖场经常使用的促销手段,所以顾客提出上述问题就很正常了。我认为,导购处理此类问题时,首先一定不要让顾客有"占便宜"的感觉,任何让顾客不舒服的处理方式都将给自己减分,从而降低顾客购买的欲望。

〔错误应对1〕您又不是来买礼品的。
〔错误应对2〕其实羊毛还是出在羊身上。
〔错误应对3〕不好意思,我们也没有办法。
〔错误应对4〕礼品不重要,重要的是东西好不好。
〔错误应对5〕我们不那么花哨,都是实实在在的折扣。

"您又不是来买礼品的""礼品不重要,重要的是东西好不好",这样的话具有攻击性,容易招致顾客的拒绝与反感。"其实羊毛还是出在羊身上",意思是:你不要以为拣到便宜了,这会让顾客很没面子。"不好意思,我们也没有办法",纯粹属于对顾客问题的不作为,意思是说:随便你,你要买就买,不买就请离开。"我们不那么花哨,都是实实在在的折扣",有诋毁竞争品牌的嫌疑,也容易引起和顾客的价格争议。

实 战 策 略

假如顾客拿我们与竞争对手相比较，导购千万不要贬低对手。这样做既不利于树立自己的形象，又没有给顾客足够的面子。一旦顾客觉得没面子了，就可能转而选择我们的竞争品牌，因为顾客此时购买的可能性微乎其微。

就本案例而言，导购一定要学会主动将顾客关注点转移到有利于我们的方面，并顺势引导和推动顾客购买，而不能老在某一问题上纠缠不清。所以，导购可以首先认同并感谢顾客的建议，勇敢地承认我们在这方面的疏忽与瑕疵，然后委婉地强调我们的优点，并且将顾客的关注焦点转移到产品上去。

话 术 模 板

话术模板A

导购：王姐，感谢您的宝贵建议，我知道您这么说是为了我们好。我会立即向公司反映这个情况，尽快在礼品上满足更多顾客的要求。只是我个人觉得除了礼品之外，其实更重要的还是产品本身是否令您满意，毕竟礼品只是附带的，当然不能抢了产品的风头才是，您说是吗？王姐，请问您今天来主要是看……

话术模板B

导购：是的，王姐，您这个问题提得非常好，这一点我们确实有忽略。因为我们一直都是在产品质量与服务上下功夫，所以在这些方面做得非常好，回头客也很多，比方说您看上的这一款……至于礼品，我们会立即跟公司反映，一旦有礼品方案出来，我会第一时间为您准备一份，您看这样好吗？

> **点评**
>
> 无论顾客提出什么建议,我们店铺人员首先要真诚感谢顾客,这一点非常重要!然后巧妙地告诉顾客我们的优势,最后顺便询问顾客的需求,以转移顾客的注意力。

王建四观点

聪明的导购善于将顾客的关注点转移到有利于成交的方向。

延伸链接

不同类型的顾客接待策略

顾客 基本类型	顾客 基本特点	顾客 次要特点	顾客 其他特点	营业员的接待策略
爱好辩论的顾客	对各营业员的话语都持异议	不相信营业员的话,总是找茬	谨慎缓慢地做出决定	出示货品,使顾客确信是好的;详细介绍有关货品知识;交谈时用"对,但是……"这样的话语
"身上长刺"的顾客	很明显的心情(脾气)不好	稍遇一点不顺心的事即勃然大怒	所提的问题像是预先准备的,具有挑衅性	避免争执;坚持基本事实;根据顾客需要出示各种花色品种;提供温馨的服务
果断的顾客	了解自己需要什么商品	确信自己的选择是对的	对别人的见解不感兴趣	语言简洁些;争取一次做成买卖,避免争执;机智地插入一点见解
有疑虑的顾客	不相信营业员的话	不愿受人支配	要经过慎重考虑才做出决定	强调品牌,介绍商品;展示货品,让顾客看、摸、体验商品

（续表）

顾客基本类型	顾客基本特点	顾客次要特点	顾客其他特点	营业员的接待策略
注重实际情况的顾客	对有根据的信息感兴趣，希望介绍更详尽些	对营业员介绍中的差错很警觉	注重查看产品商标	强调品牌和制造商的真实情况；主动提供详细信息
犹豫不决的顾客	不自在、很敏感	在非惯常的价格下购买货品	对自己的判断缺乏把握	友好地对待顾客，尊重他们，让他们感到舒适自在
易于冲动的顾客	会很快做出决定或选购	急躁、没有耐心	容易突然停止购买	迅速接近，避免成交时间过长，讲话不要过多；注意关键点
优柔寡断的顾客	自主做决定的能力很弱	顾虑，唯恐考虑不周、出现差错，要营业员帮助做出决定；要营业员当参谋	要求做出的决定是对的	实事求是地介绍相关商品及服务的特点、优点；解答顾客心中的疑虑
四周环顾的顾客	看货购物者，寻找新、奇、特货品	不要营业员说太多的话	可能会大量购买	注意购买迹象，礼貌、热情
沉默的顾客	不愿交谈，只愿思考	对信息似乎没有兴趣，但却关注地听信息	似乎满不在乎，询问直截了当	注意购买迹象，通过表达与顾客一致的看法，引出自己的见解，取得顾客的信任

40 我也不跟你还价了，你把那个饰品送给我吧

现场诊断

很多时候顾客并不是出不起钱，也不是只想买便宜货，而是喜欢占便宜的感觉。这时，给顾客一个他觉得合理的台阶下非常重要。

本案例的顾客就是这种情况，即使我们将所有优惠都给他，他还是会提各种要求。其实，这都是由人的天性决定的。导购理解这一点后，在处理类似问题时就会更加心平气和。

> [错误应对1] 不好意思，那个是非卖品。
> [错误应对2] 如果给您，我会被老板骂死。
> [错误应对3] 这个不行，我没有这个权力。
> [错误应对4] 如果给了您，我就要自己赔。

"不好意思，那个是非卖品"，也许导购确实没有说错，老板就是这么规定的，但是导购要考虑这句话说出去后给顾客带来的心理反应。这么说，顾客也许会哑口无言，但心里感觉非常不好，就有可能放弃购买。"如果给您，我会被老板骂死""这个不行，我没有这个权力"，只是将问题转移到有权力的人那里去，使矛盾无形之中扩大了，属于推卸责任的解决方法。"如果给了您，我就要自己赔"，这种话顾客根本不会相信。

第4章
顾客对优惠折扣有异议，你应该怎么办

实战策略

永远不要认为"让顾客哑口无言"就是赢了。当导购理直气壮争论的时候，也是顾客讨厌我们的时候，不给顾客面子的导购都很难成为最后的赢家。无论遇到什么问题，只要不涉及原则，我们尽量本着失礼赔罪、得理饶人的方法，让顾客感觉有面子，感觉自己是最受尊重的人。

其实顾客也是讲道理的，只要讲明情况，绝大多数顾客都会理解。即使最后还是有顾客蛮横，那也只能说明我们的工作没做好。鉴于本案例中的顾客对产品很满意，导购处理完异议后，可迅速使用假设缔结法主动成交。

话术模板

话术模板A

导购：王姐，那个饰品有许多顾客都很喜欢，所以我们正在建议公司，把它变成促销礼品，等公司决定下来，我一定第一时间通知您，好吗？（不等顾客回答）非常感谢您的支持，其实您看中的这款产品非常适合您。来，我现在给您开单，请问您……（假设法请求成交）

话术模板B

导购：王姐，我跟您一样，也很喜欢它，不过公司统一订购这些饰品，只是为了装饰卖场，我确实没权力把它送出去，还望王姐多谅解。当然，我也会把这个信息反馈给公司，希望下次可以满足您的要求，在这里先谢谢您的支持！来，我先帮您开票，请问您……（假设法请求成交）

> **点评**
> 这两个话术模板的共同特点——首先认同顾客的感受和要求，然后以退为进，但并不正面回答顾客的要求，最后告诉顾客商品的价值，并迅速引导成交。

王建四观点

顾客都是讲道理的,如果不讲道理,那一定是我们没把道理讲通。

延伸链接

门店经营:绝不能墨守成规

有一天,两个和尚结伴从一座庙到另一座庙去。走到半路,突然被一条河挡住了去路。这条河上没有桥,水并不太深,他们决定涉水而过。正在这时,一位美貌的妇人也来到河边,她说自己有急事必须过河,可是又怕被河水冲走。

第一个和尚见此情景,毫不犹豫地背起妇人涉水过河,把她安全地送到了对岸。第二个和尚跟在后面,也顺利地过了河。两个和尚默不作声地继续赶路。

又走了好几里路,第二个和尚终于憋不住了,突然对第一个和尚说:"师兄,我们和尚绝不能近女色的,刚才你为何犯戒背着那个妇人过河呢?"第一个和尚淡淡地回答:"我一过河就把她放下来了,怎么你走了好几里路,到现在还背着她呢!"

一位哲人告诉我们:做人做事不要轻易就被一个成规束缚住了。墨守成规是前进的绊脚石,真正成功的人,血液中流淌着创新的精神。

门店经营同样如此,面对激烈的竞争,要想使自己的店铺更好地生存与发展,一定要学会创新经营,任何因循守旧的行为都可能让我们被对手远远抛在身后。

41 顾客对东西很喜欢，询问什么时候有活动

现场诊断

这个问题处理起来确实比较棘手，说以后不会有大活动吧，可能会自己打自己嘴巴；说以后有吧，顾客可能今天就不买了。所以，我建议在处理该问题时，不要直接告诉顾客结果，不妨采用"瞒天过海"的战术。

〔错误应对1〕一般都在换季的时候。
〔错误应对2〕我们的品牌一般都不打折。
〔错误应对3〕这我说不准，要看公司政策。
〔错误应对4〕我们只对VIP顾客有些折扣。

"一般都在换季的时候"，这种回答推迟了顾客的购买时间，降低了店铺的销售业绩，再说到时候也不一定就有顾客需要的商品，可能会令顾客错过机会而造成遗憾。"我们的品牌一般都不打折"，语言过于模糊，意思表达不清晰，到底是打折还是不打折，没有明确表述，容易引起顾客疑惑。"这我说不准，要看公司的政策"，这种话相当于没说，属于消极不作为的语言。"我们只对VIP顾客有些折扣"，这样的说法缺乏引导，不利于推动顾客购买。这些处理方式的共同缺点是：缺乏激发顾客购买热情并主动推动顾客立即购买的意识。

实 战 策 略

顾客总希望以最低的价格买到最好的商品,所以有些顾客愿意为此等待。但是我们的店铺不能等待,等待意味着库存的增加,意味着销售额下降,意味着销售机会的错过,并且也意味着顾客的需求不能及时得到满足。导购应该明白,顾客的许多购买行为多具有随机性,所以导购不应该任由顾客冷静思考,理性选择。我们可以有意识地用煽情的语言及适当的购买理由激发顾客的购买欲望,推动顾客立即做出购买决定。

话 术 模 板

导购:王姐,得先跟您说一声抱歉,这个问题我还真不好回答。不过话说回来,通常我们打折的时候,大多数畅销款几乎都卖得差不多了。像您看中的这一款,我们卖得非常好,现在库房已经没什么货了,如果您喜欢,可得抓住机会,错过了就要等一段时间了。

> **点评** 首先认同顾客的感受,然后告诉顾客打折时再买可能遇到的不利后果,紧接着推动顾客立即购买。

在顾客犹豫的时候,导购要毫不犹豫地推动顾客成交。

延伸链接

一流店铺与三流店铺的差距

任何成功的过程都是不断遇到问题、处理问题的过程。问题的出现本身很正常，可是我们对待问题的不同方式与态度，可能会使问题变成真正的"问题"。

门店的管理人员与销售人员千万不要一遇到问题就指责抱怨，尤其是当店面销售遇到困难的时候，更需要我们勇敢地负起责任，积极地去寻找解决店面问题的办法，并且深刻反省自己做得不够好的地方，在以后的工作中杜绝类似问题的发生，这是一流门店员工的处事方法。

而三流的店铺人员却会寻找各种借口来推卸责任，比如天气不好、位置太偏、店铺太小、价格太高、货品质量有问题、广告促销力度不够、顾客太穷，等等。事实证明，如果店铺人员这么做，老板很不喜欢，问题依然存在，业绩不会有任何提升，并且还会让我们养成一个非常不好的职业习惯，那就是"找借口"。

一流的店铺人员在遇到问题后都不会绕着走，这是一流店铺与三流店铺最大的区别。

本章自测题（将你认为正确的一个或多个答案填写在括号里）

1. 当顾客既要折扣又要赠品的时候，我们可以（   ）

    A. 告诉他只能选择一样

    B. 强调赠品的价值，主推赠品

    C. 强调价格的优势，主推价格

    D. 对这种贪图便宜的顾客不要客气

2. 当顾客说"新款什么时候打折，我什么时候再来"的时候，我们可以（   ）

    A. 告诉他大概什么时候打折

    B. 强调打折时可能缺货

    C. 强调现在买可以穿更长时间

    D. 不能过多干涉顾客什么时候买

3. 顾客买多件产品要求给予折扣的时候，我们可以（   ）

    A. 直接告诉顾客这不符合公司规定

    B. 虽不符规定，但表示尽快反映给公司

    C. 强调产品的价值并感谢顾客的建议

    D. 在自己权限内给予适当的礼品替代

4. 顾客说自己是老顾客，希望给个特别折扣时，我们可以（   ）

    A. 首先感谢顾客的支持以获得顾客的好感

    B. 强调货品价值并耐心说明理由

    C. 告诉顾客我们对待新老顾客一视同仁

    D. 表示自己无能为力

第5章

当顾客对商品存在不满情绪时,你应该怎么办

42

与其他品牌比起来，你们的贵宾卡优惠力度太小了

现场诊断

许多品牌为了培养自己的老客户资源，大多有自己的VIP贵宾卡，但是给顾客的优惠条件也千差万别，顾客难免在各大品牌的VIP优惠条件上做比较。遇到这类问题，许多导购都喜欢用直线性的思维方式，凡事正面强攻，事实证明这样效果并不好。

〔错误应对1〕价格这么低了，利润本来就不高。
〔错误应对2〕不好意思，这是公司规定的。
〔错误应对3〕VIP卡差不多都只能优惠这么多。

"价格这么低了，利润本来就不高""不好意思，这是公司规定的"，都属于典型的直线性思维方式，并没有真正回答顾客提出来的问题，相反有事不关己、推卸责任的感觉。"VIP卡差不多都只能优惠这么多"，则暗示顾客在撒谎、太挑剔或者爱占小便宜。

实战策略

顾客并不指望自己提出的问题会立刻得到解决，这通常也不是最重要的，最重要的是顾客希望得到我们真正的重视！切记：处理顾客异议的态度与形式比处理问题本身重要得多。导购应该满足顾客的这种心理需求，避实就虚，推进自己的销售过程。

就本案例而言，其实当我们遇到这样不大好处理的问题或产品、服务确实存在瑕疵时，我们不妨采用"围魏救赵"的战术，一方面要有勇气正面面对，另一方面要学会从侧面巧妙引导。

话术模板

话术模板A

导购：对不起，王姐！您都是我们的老顾客了，您的意见我会立即跟公司反映，我相信公司一定会重视这件事情。您放心，只要公司政策一下来，我一定第一时间通知您。真的很谢谢您！请问王姐今天是想看……

> **点评**
>
> 满足老顾客的虚荣心，将顾客拉为朋友，然后迅速引导顾客转移焦点。

话术模板B

导购：非常感谢王姐对我们一贯的支持，我会把您的建议立即反映给公司，针对您这样的老顾客，可以给予特别对待，即使不在折扣上体现出来，也可以反映在其他增值服务方面。我知道王姐说出来完全是为我们好，谢谢您的提醒。王姐，请问您今天来是想看……

> **点评**
>
> 首先真诚认同顾客建议的合理性，并表示将立即报告公司，让顾客感受到对他的重视，然后立即引导顾客转移关注点。该方式特别适合那些比较好沟通的老顾客，其实老顾客的要求都不高，但你一定要让他感觉到你把他当老顾客对待。

王建四观点

顾客并不指望问题立即得到解决,只是我们必须认真对待他的问题。

延伸链接

门店经营:脚踏实地做未来

有一个小孩在草地上发现了一只蛹,里面的蝴蝶挣扎了好几个小时,身体似乎被什么东西卡住了,一直出不来。小孩于心不忍,心想:我必须助它一臂之力。于是,他拿起剪刀把蛹剪开,帮助蝴蝶脱蛹而出。可是,这只蝴蝶的身躯臃肿,翅膀干瘪,根本飞不起来,不久就死去了。

从这个故事中,我们可以体会到"揠苗助长""欲速则不达"的道理。瓜熟蒂落,水到渠成,蝴蝶必须在蛹中痛苦挣扎,直到它的双翅强壮了,才会破蛹而出。人何尝不是如此呢?煎熬、磨炼、挫折、挣扎,这些都是成长必经的过程。急于成功的人,别忘了一句哲人的名言:人生必须背负重担,一步一步慢慢地、稳稳地走,总有一天,你会发现自己是走得最远的人。

零售门店的销售与经营也是如此,我发现很多时候很多订单之所以没有做成,就是由于我们太急于求成;很多顾客关系没有维护好,就是因为我们太过于看重局部或者暂时的那点利益;很多店铺没有把顾客变成自己的终身顾客,也是因为我们看到的只是眼前短暂的利益。其实就零售门店来说,有句话再怎么强调其重要性都不为过,那就是:门店销售不是在卖东西,而是要帮助顾客买东西。门店经营如果要永续发展,就一定要学会经营未来,切不可好高骛远、急于求成!

43 如果过一段时间商品价格比我买时低,你们要赔我差价

现场诊断

有一位山东济南的朋友是我的老学员,她在建材生意相对萎缩、别人都不敢继续扩张的时候,两年内连开了一家瓷砖店铺、一家地板店铺和一家卫浴店铺,30多岁就拥有6家建材门店,可以说生意做得很不错。有一天,她通过微信把自己的困惑告诉了我。她说:"王老师,我们告诉顾客这个价格真的不能再少了,是最低价了。可顾客说'如果过一段时间你们做活动,价格比这个低,怎么办?你们到时候要退我差价,否则我就不要了'。"

其实,即使顾客提出一些苛刻甚至不讲道理的要求,那都不是顾客的错,只能说明我们的工作没有做好,没有获取顾客的信任,所以让顾客不讲道理。针对山东这位女士的问题,我觉得我们首先要做的就是恢复顾客对我们的信任,因为所有质疑都来自于不信任。那我们应该怎么做呢?

〔错误应对1〕这我可不敢保证。
〔错误应对2〕打不打折公司说了算。
〔错误应对3〕真的打折我们也没有办法。
〔错误应对4〕您这么说,我都不敢卖给您了。

"这我可不敢保证""打不打折公司说了算""真的打折我们也没有办法",其实就是在告诉顾客:你今天买的东西价格可能还会降,你现在

买还是不买,最好先想清楚,到时候我可不管。"您这么说,我都不敢卖给您了",表明导购心虚了,这个东西打折的可能性非常大。以上所有的应对方式都没有真正为顾客解决问题,而仅仅是简单的敷衍,没有为顾客提供一个购买的理由。如果导购在购买的时候传递给顾客商品还会打折的信息,顾客的购买欲望一定会大大降低。

实 战 策 略

假如你和竞争对手卖同样的产品,你的好朋友刚好有需要,请问他会选择向谁购买呢?答案是显而易见的。顾客其实不是被导购说服的,顾客只可能被自己说服,而导购要做的事情就是积极寻找令顾客购买的理由,并且不断地刺激顾客的购买欲望。

就本案例而言,导购根本没有必要明确告诉顾客产品到底会不会打折,但一定要解释清楚产品打折的原因,并强调由此给顾客带来的不利后果,以及顾客现在购买可以享受到的利益。

话 术 模 板

话术模板A

导购:呵呵,王姐真会开玩笑,不过请您放心,我们公司基于对顾客负责的态度,我们品牌一直坚持统一折扣策略,所以,这一点我们很有信心。王姐,请您稍候片刻,我现在就给您开票,请问……

> **点评**
> 用略带调侃的口吻与顾客交流,然后告诉顾客我们公司的价格政策以及打折的几种情况,最后引导顾客立即成交购买。

话术模板B

导购：王姐，如果看到自己买的东西过段时间打折了，换作我，我心里也会不舒服。只是您知道，有时候也难免会有一些打折活动，当然了，我们也很难预估到底会不会有打折或具体的打折时间，不过不管怎么样，买东西有时候跟买菜一样，新鲜的总是要贵一点，您说是吧？

点评

首先认同顾客的想法，然后间接说明打折的几种情况，最后通过通俗易懂的类比告诉顾客现在购买的好处，并引导顾客立即购买。

顾客永远只可能被自己说服，导购能做的只是引导顾客努力说服自己。

延伸链接

如何帮助导购建立自信心

导购的第一个顾客不是别人，而是自己，他首先要对自己及自己的产品有足够的信心，才可能用饱满的情绪来感染顾客。一个有自信心的导购，说话会显得自然大方，并且更有说服力。那如何帮助导购建立自信心呢？

首先，要有全面的自我认识和正确的自我评价。导购培养自信心要做的第一件事就是全面深入地了解自己的各个方面，包括个性、兴趣、特长、知识水平、实际能力、价值观，以及以往的成功经验和失败教训等，然后对自己的各个方面进行分析、比较、判断，弄清自己的长处和短处、优势和弱势、稳定因素和非稳定因素、现实能力和潜在能力等,并将这些同自己的推销工作联系起来综合考虑,全面衡量,做出正确、客观的自我评价。在此基础上,导购可通过"扬长避短"来培养自己的自信心。所谓自信,就是相信自己的长处,相信自己的优势,相信自己比较稳定的优良品质,相信自己成功的经验,相信自己通过努力可将潜能发掘出来,相信自己通过综合优势的发挥能把握住成功的时机,达到预定的推销目的。

其次,要克服自卑心理和畏难情绪。缺乏自信的导购,要么自卑心理很重,认为自己这不行那不行,甚至觉得自己不是做推销工作的"料";要么有畏难情绪,"怕"字当头,怕推销干不好,怕被顾客拒绝,怕货品卖不出去。自卑感和畏难情绪严重阻碍自信心的树立,必须消除。自卑感的产生,虽然与缺乏锻炼有关,但不良的心理习惯是更重要的原因。

导购要克服自卑感、建立自信心,就应既看到自己的缺点,更看到自己的优点,多想自己的长处。多想自己的长处,就能形成心理环境的良性循环,从而萌发和逐步强化相信自己的意识。即使看到自己的缺点和不足,也要以一种积极的心理倾向正视之,正视的目的在于改变,而非消极地自我萎缩和自我沉沦。克服自卑感的另一个重要方面,就是用发展的眼光看待自己。今天不会的,通过勤奋学习,明天就能成为内行;现在不是干推销的"料",通过奋发努力,将来准会成为推销能手。

畏难情绪是自信心的又一大敌。心理实验表明,越是惧怕的事情就越容易发生。做推销工作,挫折与失败是难免的,向各种顾客推销货品,碰钉子也是常有的事,但如果以消极被动的心态对待挫折,在失败面前抬不起头来,就会被挫折与失败打倒,一事无成。失败是暂时的,失败仅仅发生在某次行为或某件事情上,对于一名优秀的导购来说，他的内心永远没有失败的阴影，只有充分的自信、必胜的信念。成功推销人员的优良品格，不仅在于其取得成功后能够再接再厉、乘胜追击，更在于其遭到拒绝或失败后，能够将经验教训转变为获取成功的积极因素，或直接将其当作攀登成功的阶梯。成功可以培养自信，失败也能从反面培养和强化自信。能否做到这一点，是衡量一个导购是否真正建立起自信心的标志。

再次，要在推销实践中加强心理训练。克服不良心理的过程，也是一个培养自信心的过程。心理训练的一种有效方法是自我暗示，导购可在推销实践中经常进行积极的自我心理暗示，逐步增强自信心。比如，面对新环境而生出担忧时，就暗示自己很快能够适应新环境；当接触陌生顾客缺乏勇气时，就暗示自己总有办法说服其购买推销的货品；在失败面前，多想想以往的成功；开拓新局面时，常默念自己的资历和业绩，将自己想象成一名出色的导购，反复告诉自己一定能实现预期的目标。提高自信是一个积极的、自我激励的心理强化过程。一位心理医生这样说过："你越表现得对自己很有信心，就越能营造出一种自己很内行的气氛。"

44 我不喜欢小牌子，我买这类货品一般都买××牌子

现场诊断

通常来说，这类顾客都比较爱面子，有虚荣心。其实，这类顾客是最好接待的。当然，也不排除有的顾客由于长期购买，对某些固定品牌形成了偏好。我认为，只要导购合理引导顾客的消费观念，我们完全可以逐渐改变顾客的购买偏好。

〔错误应对1〕我们的品牌跟××差不多。
〔错误应对2〕您可以换个牌子试试看。
〔错误应对3〕这个牌子的很多顾客都来我们这里买东西。
〔错误应对4〕我们的定位跟××类似，但比他们便宜。

"我们的品牌跟××差不多"，没有正面回应顾客的问题，缺乏说服的针对性。"您可以换个牌子试试看"，则没有提供给顾客换牌子的理由，缺乏煽动力。"这个牌子的很多顾客都来我们这里买东西"，给人感觉有标榜自己、贬低别人的意味，显得不够坦诚。"我们的定位跟××类似，但比他们便宜"，给顾客的感觉是导购在诋毁××品牌，并主动挑起价格争议。

实战策略

我们不可以有任何贬低竞争对手的行为。竞争对手的存在是市场经济

的必然现象,竞争对手既可以是我们学习的对象,也可以是我们超越的目标。世界上最伟大的拳击手,他们的陪练也一定是世界上最伟大的陪练,一个强大的竞争对手可以让我们变得更加强大。

导购对竞争对手的态度是顾客看我们的一面镜子。如果我们一味贬低对手,那只能说明我们也好不到哪里去,而且还让顾客瞧不起我们的人品。所以,一旦顾客拿我们与竞争品牌对比时,导购要心平气和地与顾客沟通,讲出我们品牌与竞争品牌的差异点。

就本案例而言,导购可以首先称赞竞争品牌,同时强调我们的优点所在,即所谓的"他好我更好",用我们的真诚与专业打动顾客,并获得顾客对导购人员及品牌的良好印象。

话术模板

话术模板A

导购:王姐,××确实也是个不错的品牌,也是我们学习的对象。王姐觉得××牌子什么地方比较吸引您呢?

顾客:……

导购:噢,原来如此。是的,这几点确实很吸引顾客。其实,我们在这方面也做得很好,只是您可能以前没怎么关注我们,不过今天刚好有机会,您可以多了解一下我们品牌,来……

> **点评**
>
> 首先简单肯定竞争品牌,并真诚询问顾客最看重其哪方面的优点,然后针对顾客的回答肯定其说法,最后巧妙告诉顾客我们也做得不错,并且引导顾客进一步了解我们的货品。这种不卑不亢的处理方式可以获得顾客更多的信任。

话术模板B

导购：王姐，××确实是个不错的品牌，一直是很多高端家庭选择的对象，口碑很好。其实，我们的目标顾客定位都差不多，只是两家的风格有些不一样，××是……风格，而我们是……风格。不过以您的情况来说，我们品牌也非常合适您，因为……（强调我们的品牌主张）

> **点评** 首先认可竞争品牌，然后简单介绍两个品牌的定位差异，最后告诉顾客为什么我们的品牌非常适合顾客。

王建四观点

提升自己应对竞争的能力是我们应对竞争的最好方式。

延伸链接

门店顾客类型分析：选对池塘钓到鱼

许多人带着同样的渔具和鱼饵出去钓鱼，为什么最后有人满载而归，而有人却空手而归呢？其中有一个非常简单的原因，那就是他们选择的池塘不一样。我发现许多导购每天都在用同样的方法接待众多的顾客，难道这些顾客都是一个模子刻出来的吗？答案是否定的。

其实，每天来到店里的顾客都有进店目的、审美观念、购买习惯、教育水平及收入层次的差别，这也就决定了他们每个人的需求是不一样的。通常来讲，门店的顾客可以细分为以下几类：

1. **目标顾客**。他们出门前就已经确定好了去哪家店、买什么样的东西，然后出门就直奔店铺，购买目标非常明确。但目标顾客在门店里出现的概率并不高。对于目标顾客，我们只要抓住一个字——"快"即可。

2. 意向顾客。他们存在购买需求，但具体购买什么品牌没有明确的目标，甚至购买标准都不完全明确。对于意向顾客，我们要抓住一个字——"准"。

3. 闲逛顾客。这类顾客没有明确的购买需求，更谈不上明确的购买目标，他们纯粹是看着玩的。这类顾客我们也不可以忽视，因为闲逛顾客可能会在销售环境的影响下转变成为现实顾客，并且闲逛顾客本身就是店铺吸引过路客进店的极好广告。除此以外，闲逛顾客还是店铺未来顾客的重要资源。所以，我认为闲逛顾客是决定店铺实力的重要因素。

45 虽然商品在退货期内,但顾客却因非质量问题要求退货

现场诊断

任何激化矛盾的解决方式都不明智,任何将问题扩大化的做法都是给自己制造麻烦。导购应该时刻让顾客感觉到我们愿意帮助他解决问题,即使问题不在我们身上。只有如此,才可能使问题的解决变得相对简单。

〔错误应对1〕您买的时候不是挺喜欢的吗?
〔错误应对2〕这是您自己看好的,我们不能给退货。
〔错误应对3〕如果不是质量问题,我们是不给退的。

"您买的时候不是挺喜欢的吗",显得过于机械生硬,也没有说服力,并且有责怪顾客当初考虑不周的意思。"这是您自己看好的,我们不能给退货""如果不是质量问题,我们是不给退的",则显然是把责任推给顾客。此时,导购切忌将所有责任全部推给顾客,即使是顾客自己造成的,导购也有责任给顾客参谋建议,并尽量帮忙。如果产品真的不是很适合顾客,导购要勇敢地站出来承担责任,而不能以是顾客自己选的、不是质量问题等理由而予以拒绝。

实战策略

许多导购在面对顾客的退货要求时,表现得性情急躁、语速激昂,或

者解释过于简单机械，给顾客的感觉就是导购极力想推卸责任。如果是这样，我们要说服顾客就变得非常困难。大量的门店投诉表明：一个优秀的导购此时应该表现镇定。你首先要稳定住顾客的情绪，引导顾客说出他的想法，只要顾客愿意向你诉说，问题的解决就会变得相对容易得多。

只有通过倾听，才能找出顾客退货的真正原因。如果顾客因误解而导致退货，则通过委婉真诚的说明，一般都可以得到妥善解决。如果顾客投诉的问题确实存在，只要不影响产品的再次销售，导购应主动承担责任，可以避重就轻，能换货的尽量不退货，并且要让顾客知道本来是不可以退换的。这个过程中，态度与语言的把握都非常重要。当然，如果顾客执意退货，导购则应适时满足顾客的要求，最笨的做法是激怒顾客后又满足了顾客的要求。

话 术 模 板

话术模板A

导购：王姐，您先不要着急，让我来帮您处理这个问题。请问一下，您觉得什么地方不满意了，可以具体说明一下吗？（顾客说出自己的想法后）王姐，首先非常抱歉让您来来回回地跑了这么多趟。我明白您的意思了，其实这款产品在款式功能上的优点是……，之所以如此，是因为……，所以当您用的时候会显得……（卖点导入）

> **点评**
>
> 顾客来要求退货，导购首先应该安慰顾客，让其感觉到我们乐意帮忙解决问题，但不必过早表明自己的态度，一定要先让顾客主动说出事情原委，然后再针对原因有的放矢地进行解释。

话术模板B

导购： 王姐，这是我的错，都怪我当时没有帮您把好关。这么热的天，让您来来回回跑，真是麻烦您了。这样吧，我们店昨天到了几款产品，我觉得有几款特别适合您。来，王姐，我现在帮您仔细挑几款，您稍等一下……请问您喜欢什么样的款式（颜色、材质等）呢？（转移到换货处理上）

点评 导购首先要真诚地承认是自己的错，以获得顾客理解，然后尽量以换货方式将问题软化解决。

换货优先，退货为限，面对顾客的退货要求应避重就轻。

延伸链接

门店经营：学会创造并把握机会

A在合资公司做白领，觉得自己满腔抱负却没有得到上级的赏识，经常想：如果有一天能见到老总，有机会展示一下自己的才干就好了！

A的同事B也有同样的想法，他更进一步，去打听老总上下班的时间，算好他大概何时会进电梯，希望能在电梯里遇到老总，有机会打个招呼。

同事C则更进一步。他详细了解了老总的奋斗历程，弄清老总毕业的学校、人际风格、关心的问题，精心设计了几句简单却有分量的开场白，在算好的时间去乘坐电梯。在跟老总打过几次招呼后，终于有一天，C跟老总长谈了一次，不久就争取到了更好的职位。

　　愚者错失机会，智者善抓机会，成功者创造机会。机会只给准备好的人，这"准备"二字，并非说说而已。作为一名门店导购人员，每天都梦想着成为店长或者老板。有梦想是好的，但如果没有为此努力做准备，遇到问题也总是绕道走，或者指责抱怨，这种人别提去创造机会了，就算机会来了也不可能把握住。

46 虽然可以按规定退货，但时限已超过退货期，怎么办

现场诊断

大量的门店投诉案例告诉我们，顾客不是在我们卖东西的时候被感动的，感动与否取决于我们如何处理他的问题。所以，顾客遇到问题找导购，那是顾客对我们的信任，也是我们用真诚感动顾客的关键时刻。

此时，顾客需要的是我们的鼎力相助，他希望的只会是解决问题，而不是导购的漠不关心与不负责任，因此，导购此时的态度通常比处理问题本身更为重要。

〔错误应对1〕我们不能退，产品已经超过退货期了。
〔错误应对2〕这种情况我也没办法，这是公司的规定。
〔错误应对3〕我们不能退，您要找消协就去找吧。

"我们不能退，产品已经超过退货期了""这种情况我也没办法，这是公司的规定"，表面上看，导购的说法似乎没什么问题，因为产品确实超过了公司规定的退货时限，但我认为，即使导购确实不能完全满足顾客的要求，也要站在顾客的角度，将心比心地帮忙解决问题。上述生硬的处理方式会让顾客觉得我们抱着事不关己的态度，拿公司的规定来应付，导购这种做法不利于维护良好的客情关系，是不负责任的行为。"我们不能退，您要找消协就去找吧"，这种图一时口舌痛快的说法只能使矛盾激化，给自己制造更大的麻烦。

实战策略

做零售终端服务,要拿着镜子从自身寻找更多的问题,即使有些事情看似与自己无关,也要勇敢地担当起责任,通过这样的行为,我们可以赢得顾客的心,让他成为店铺的忠诚顾客。如果这样,我们在顾客身上吃的一点儿"亏"就变成一种非常超值的投资。如果店铺都抱着投资明天、经营未来的态度来服务顾客,很多问题都会变得简单,店铺也将越来越有竞争力。

就本案例而言,顾客拿着超过退货期的产品要求退货,我们可以基于以下两方面考虑责任归属并加以处理:(1)在顾客购买时,我们是否详细告知顾客售后维护等内容。(2)顾客是否有非主观的原因导致超过时限,比如顾客购买后突然出差或因故一直没有用等。如果退货与我们没有说明清楚退货时限及保养方法有关,或是因顾客非主观原因导致的,我们都可以考虑更人性化的解决方式,比如由店方来分担部分损失等。

话术模板

话术模板A

　　导购:王姐,您的单子已经超过了公司规定的退换货期。说实话,按规定是不可以退换的,不过考虑到您确实是因为××客观原因,这样吧,我现在立即跟老板和厂家联系一下,看是否可以帮助您换一款。(与老板和厂家电话沟通)王姐,我们公司考虑到您的情况,决定破例给您换一款,请问您想……

> **点评**
>
> 　　首先表明立场,随后积极帮助顾客解决问题,让顾客感到我们确实是在主动帮忙,这样即使最后结果不如所愿,顾客接受的概率也会更高。

话术模板B

　　导购：王姐，下这么大的雨还麻烦您跑过来，确实非常抱歉！虽然产品超过了公司规定的退换期限，但考虑到您是我们的老顾客，并且当初我们也没有给您解释清楚，有一定责任，所以我们破例给您换一款。刚好，我们店刚到了一批新货，我觉得有几个款式都很适合您，请您跟我到这边来！

> **点评**　　主动承担责任，让顾客感受到我们的真诚，然后尽量以换货解决问题。

话术模板C

　　导购：王姐，出现这样的事情，我也非常遗憾。如果是我们的责任，我们一定会负责到底，只是东西确实已经超过退换期限，所以我们也很为难，这一点还请您包涵。要不这样，王姐，我现在立即联系厂家，看是否可以给您维修，您看这样好吗？

> **点评**　　对于有些产品确实属于顾客的责任，我们应该在委婉说明我方观点的情况下，积极表示会尽量为顾客想办法解决。

　　　　　　　　　　王建四观点

　　舍得吃亏是一种大智慧，在顾客面前要敢于并善于吃亏。

> 延伸链接

我们才是最大的麻烦制造者

一头小猪、一只绵羊和一头乳牛被关在同一个畜栏里。有一次,牧人捉住小猪,小猪大声嚎叫,猛烈抗拒。绵羊和乳牛觉得小猪很讨厌,便说:"他也常常捉我们,我们并不大呼小叫。"小猪听了回答道:"捉你们和捉我完全是两回事,他捉你们,只是要你们的毛和乳汁,而捉我却是要我的命!"

这个故事告诉我们,很多时候由于每个人的立场不同、所处的环境不同,因而很难理解对方的感受。在处理顾客投诉的时候更是如此。其实,顾客投诉并不是说顾客一定要来找我们的麻烦,他只是遇到了一些问题,需要我们帮助他解决。他并不是来吵架的,而是来给我们一次提高顾客满意度的机会。如果我们站在顾客的角度将心比心,问题处理起来并没有我们想象的那么难。很多时候,我们将问题弄得不可收拾,其实是因为我们一开始就没有处理好与顾客的关系,从而让问题变得难以处理。可以这么说,我们自己才是麻烦的制造者,是我们让顾客不讲道理,是我们制造了一个又一个挑剔的顾客。

47 有些顾客无端要求退换货，并且威胁不解决不离店

现场诊断

我发现：凡是与顾客关系良好的导购，遇到投诉的概率都很低，即使有投诉，问题也很容易解决。这说明，做好与顾客的售前关系，对于保持良好的售后关系非常重要。

〔错误应对1〕您这人怎么不讲道理呢？
〔错误应对2〕买的时候没有问题，而且您也检查过。
〔错误应对3〕这不是产品质量问题，我们不负责任。
〔错误应对4〕您赖在这儿也没用，这不是我们的问题。

"您这人怎么不讲道理呢"，暗示顾客没有修养、蛮横无理，导购的指责只能导致双方陷入争吵。"买的时候没有问题，而且您也检查过"，以此指责顾客，推卸掉自己身上的责任，并且暗示顾客东西一旦卖出去，出现问题概不负责，属于"一锤子买卖"的心态。"这不是产品质量问题，我们不负责任"，实际上是封闭了沟通的渠道，必将使双方陷入是否属于质量问题的争执之中。"您赖在这儿也没用，这不是我们的问题"，只能说明导购不尊重顾客，用一种无理的语言去指责和辱骂顾客。

实战策略

其实顾客的要求并不高，他们只是希望得到应有的服务；其实顾客很

容易满足，只要我们给予应有的尊重；其实生意很容易成交，只要我们让顾客感觉到我们在设身处地地为他考虑；其实顾客都很讲道理，只要我们得到他们的认可和接受。

我们零售门店的员工一定要记住：我们可以把顾客变成朋友，也可以把顾客变成敌人。这一切都取决于我们自己。当然，要处理好顾客的投诉，首先应与顾客建立良好的关系。其次，任何时候都不要激怒顾客，我们能做的是安抚，我们可以选择的是聆听。最后，如果顾客确实不讲道理，也要视具体情况处理，宁愿自己多让步，要把眼光放长远一些。

就本案例而言，导购先与顾客真诚沟通，引导顾客说出产品出现问题的详细情况，以确定责任归属。如果责任确实属于顾客，导购仍有责任帮助顾客解决问题。这个阶段应该采用真诚、负责任而非质问的口吻说话。

如果沟通无效，还有两种选择：（1）在产品可换的条件下，公司做出让步，给予调换并真诚道歉。（2）在产品不可换的条件下，公司可以根据情况及顾客的影响力和态度而定。如果顾客属于影响力较强的老客户、大客户，并且执意调换，公司可以做出适当的让步，但绝对不要指责顾客，只要暗示对方的错误即可。

话 术 模 板

话术模板A

导购：（沟通后确定责任属于顾客）真不好意思！王姐，您是我们的老顾客了，您一定也知道只要是产品质量问题，我们一定会负责到底。只是就像您所说，这次的问题确实是使用中疏忽所致，所以真的让我很难处理，王姐，非常抱歉！不过我个人还是很乐意私下帮助您，王姐，其实这个问题解决起来也不麻烦，要不您把东西先留下……（帮顾客解决问题）

> **点评**
>
> 首先拉拢老顾客以获得配合，接着诚心地告诉顾客责任归属，最后一定要积极地以个人名义帮忙解决。

话术模板B

　　导购：（沟通后责任不能确定归属的）王姐，刚买的东西就出现这样的问题，不管谁碰到，心里肯定都不舒服，这一点我完全理解。您放心，如果是质量问题，我们一定负责到底，一定会信守承诺。只是您收货的时候也检查过，现在也不知道到底怎么回事，所以真的抱歉！不过王姐，我个人还是很乐意帮您，其实这个问题很好解决，您把东西先留下……（帮顾客解决问题）

> **点评**
>
> 　　首先认同顾客的感受，然后以积极的态度解决问题，毕竟解决问题才是最重要的，这也是顾客找我们的目的，何况问题并不是很严重。

话术模板C

　　导购：（沟通后顾客不理会，坚持换货）王姐，您先别急，我现在请示一下领导，看怎样来帮您解决这个问题……（请示领导）王姐，考虑到您一直以来对我们的支持，老板决定破例给您更换，以表示对您的感谢。老板还批评我们没有在您买的时候仔细检查，让您这么大热天跑来跑去，耽误了您的时间，确实不好意思！

> **点评**
>
> 　　对于顾客坚持不配合的行为，导购应根据顾客的重要程度及问题大小，有针对性地加以解决。

顾客的要求其实并不高，关键是我们将顾客当成朋友还是敌人。

延伸链接

导购，无论何时都要看得起自己

在一次讨论会上，一位著名的演说家手里高举着一张20美元的钞票，面对会议室里200位听众，问道："谁要这20美元？"一只只手举了起来。他接着说："我打算把这20美元送给你们中的一位，但在这之前，请准许我做一件事。"他将钞票揉成一团，然后问："谁还要？"仍有人举起手来。他又说："那么，假如我这样做又会怎么样呢？"他把钞票扔到地上，并且用脚碾揉。而后，他拾起又脏又皱的钞票，问："现在谁还要？"还是有人举起手来。

"朋友们，你们已经上了一堂很有意义的课。无论我如何对待那张钞票，你们还是想要它，因为它并没贬值，它依然是20美元。在人生路上，我们会无数次被自己的决定或碰到的逆境击倒。我们觉得自己似乎一文不值，但无论发生什么，或将要发生什么，在上帝的眼中，我们永远不会丧失价值。在他看来，肮脏或洁净、衣着整齐或不整齐都没关系，我们依然是无价之宝。"

作为一名导购或者店长，在工作中会遇到许多顾客对你冷淡、老板对你误解，以及同事之间的摩擦等问题。无论是销售火爆时，还是生意冷清时，请记住：你永远都是你，这些挫折或者失败并不能使你贬值。我们要始终对自己有信心，这是我们业绩提升的心理基础。

48 有的顾客买东西特别麻烦，反复调换

现场诊断

百货百客，只要打开大门做生意，我们就无法选择顾客，也不可能去要求顾客如何做，我们可以做的只是不断调整自己去适应不同类型的顾客，并且尽可能事前防范某些问题的出现。导购遇到这样的事情后可能不大开心，不过如果我们转换思维，这可能也是我们与顾客建立信任关系、赢得忠诚顾客的机会。

〔错误应对1〕您这人怎么这么麻烦！
〔错误应对2〕卖给您东西好累，都换三次了！
〔错误应对3〕这次检查好，下次我们不换了！

"您这人怎么这么麻烦""卖给您东西好累，都换三次了"，导购明显表现出不耐烦，这可能会激怒顾客，使问题变得更难处理，而且很可能费力不讨好。"这次检查好，下次我们不换了"，机械生硬的语言会让顾客窝火，即使换了东西也无法得到顾客的感谢。

实战策略

著名哲学家叔本华有一句话说得非常好，他说："事物本身不影响人，人们只受对事物看法的影响。"很多时候，如果我们转变一下对事情的看法，那些看似不好处理或者对我们不利的事情，都可能成为我们的机会。

在本案例中，导购应该对自己说："太好了，终于又给了我一次为顾客加深服务的机会。"此时，我们千万不要指责顾客，这样不仅不能解决问题，还会破坏我们与顾客已经建立的关系。导购可以更多地从自身寻找原因，千万不要做赔了夫人又折兵的事。

话术模板

话术模板A

导购：王姐放心，我们一定会给您重新调换，这是我们的承诺，我们一定会负责到底，只是希望王姐这次多检查几次，确认满意后再将东西拿回去，否则还要麻烦您跑这么多次，搞得我们都挺不好意思的。

> **点评**
>
> 尽量帮助顾客解决问题，尤其是在有些问题并不违反原则的情况下。但一定要让顾客知道，我们已经做出了让步，不要做两头不讨好的事情。

话术模板B

导购：哎呀，真不好意思！王姐，都是我以前没替您把好检查关，麻烦您前后都跑三四次了，我真的有点过意不去。王姐放心，我现在就去重新给您再准备一个，顺便和您一起检查一下东西。如果下次再麻烦您跑过来，那我就更不好意思了。

> **点评**
>
> 导购主动寻找自身责任以获得顾客的配合与理解，毕竟是顾客主动跑过来的。如果他觉得自己完全没有道理，他也不会来，所以在不违反原则的情况下，帮助顾客解决问题才是关键。

顾客可能是你的朋友，也可能是你的敌人，一切皆取决于你的态度与做法。

延伸链接

最好的投诉管理就是让顾客不投诉

如何处理顾客投诉是许多门店非常关心的问题。其实，投诉是顾客给门店一个继续生存的机会。研究表明，顾客如果感到不满意，只有7%的人愿意说出来，恰当地处理好这些问题，他们中就会有91%的人可能继续成为门店的老顾客。所以，门店一定要鼓励顾客将不满意说出来，并积极予以处理，这是我们挽留顾客的最后机会，而这个机会是顾客给我们的。

当然，处理顾客投诉，我认为最好的方式就是让顾客不投诉，这是成本最低、效率最高的处理方式。要做到这一点，一方面要求门店提升自己的产品品质及服务水平，尽可能把投诉消灭在萌芽状态；另一方面就是保持好与顾客的关系，让解决投诉问题变得更容易。试想一下，如果是我们的朋友来投诉产品问题，我们难道不会用心处理吗？

49 想收集VIP客户资料，可顾客不是很配合

现场诊断

在全国各地上课的时候，我经常强调一个数据——老顾客销售占比。如果一个店铺的老顾客销售占比下降明显，那说明店铺的竞争力在下降，店铺要寻找原因并针对性解决。一个门店的竞争力如何，看看老顾客的数量与质量就清楚了。如果老顾客数量在不断增加，并且忠诚度不断增强，我认为这样的门店就是一个良性发展的门店。

如何让我们的新顾客变成老顾客？如何让老顾客越来越多，光临门店的频率越来越高？这是我们要经常思考和做好的事情。而要把这些事情做好，在终端服务中收集顾客的完备信息就变得非常重要，它对于我们后期提供个性化服务有极大的作用。

〔错误应对1〕办VIP卡可以享受优惠。

〔错误应对2〕您只要留一下数据，很简单。

〔错误应对3〕（默默收起来）

"办VIP卡可以享受优惠"，这种说法人为地将顾客归为贪图小便宜的类型，让顾客感觉不舒服。"您只要留一下数据，很简单"，关键是顾客为什么要给你留，没有给顾客一个充分的理由。默默收起来，表明导购已经缴械投降了，这种不作为的消极行为是不应该出现的。

实战策略

顾客转身要离开的时候,导购一定要想方设法打开他的心扉,最好是在热情大方中略微施加一点诱惑和压力,让顾客感受到我们的善意。其实,有时候适当地施加压力有利于促进销售,比如以一种请教的口吻,既让顾客感受到尊重,同时又让人感觉到一种不得不配合的压力。

话术模板

话术模板A

导购:王姐,您今天的购买金额足够成为我们最尊敬的VIP顾客了,我们也希望为像您这样的贵宾提供与别的顾客不一样的高品质服务,所以能不能告诉我您不愿意办贵宾卡的原因呢?(引导顾客说出想法)王姐,是这样的……(解释并强调利益)

> **点评**
> 顾客都希望自己被认为是门店最重要的人,所以导购首先可以拉拢顾客,以寻求配合,然后再询问原因。

话术模板B

导购:王姐,能告诉我您不想办VIP卡的原因吗?因为我们希望可以为像您这样的老顾客提供更好的服务,谢谢您。(引导顾客说出想法)王姐,是这样的……(解释并强调利益)

> **点评**
> 简单明快地询问顾客不想办卡的原因,并且说明办卡的好处。

王建四观点

以请教口吻询问顾客,适当地给顾客施加压力可刺激销售。

延伸链接

利用顾客分类分配服务资源

门店销售永远没有终结的时候,一次销售的结束往往是下一次销售的开始。一个智慧的门店特别善于做好售后服务。当然,由于不同顾客给门店带来的价值不同,加之门店资源有限,如何针对不同价值的顾客个性化地分配门店资源就显得非常重要。

一般而言,我们根据顾客光临门店的频率及单次购买量,将门店顾客分为4类:明星顾客、流星顾客、小溪顾客及负担顾客。所谓明星顾客,即该类顾客经常光临门店,并且每次购买量较大,这类顾客一般为门店的忠诚顾客,是门店现有业绩的主要贡献者。流星顾客,即该类顾客光临门店的次数有限,但是每次购买量较大,他们可能喜欢转换购买对象以进行比较,或者是购买量还没有被充分激发。小溪顾客,即光临门店频率较高但每次购买量较小,这类顾客购买力有限,但对门店忠诚度较高。负担顾客,即指该类顾客平时很少光临门店,即使光临也只是随便看看而已或者购买量非常少。

一个门店的管理者如果要稳定现有业绩就一定要首先服务好明星顾客,只要不让该类顾客不满意,他们一般不会转移购买对象。但如果我们希望门店业绩不断增长,实现更高的业绩目标,就必须将大量的资源分配在流星顾客及小溪顾客身上,因为他们身上有很大的发展潜力;同时将适量的资源投放在明星顾客身上,因为他们已经相对稳定,业绩增长潜力有限。至于负担顾客,就不必浪费资源了。

50 我们向顾客索要电话，顾客说自己需要的时候会来找我们

现场诊断

在成都好风景家居的终端调研中，很多店长和导购纷纷问我一个问题："王老师，有的顾客有成交意向，但表示要再看看。我想得到他们的联系方式，可是很多顾客都说自己需要的时候会再来，但是真正回来的顾客并不多。请问，我应该怎么做才可以得到他的电话号码呢？"

各位是否也有过类似的困惑？又是如何索要顾客联系方式的呢？

〔错误应对1〕您留个电话吧，有活动我好通知您。
〔错误应对2〕我们不会骚扰您的，您留个电话吧。

第一种方式显得过于直接和苍白，好像顾客是贪图小便宜的人。第二种方式给人感觉有些掉价，其实很多时候你越是直接越得不到，因为从顾客的心理角度分析，这样做不能打消顾客的顾虑，反而会加深顾客的反感。

实战策略

获取顾客的联系方式对我们后期的跟进工作会非常有帮助，否则顾客一旦离开就好像断线的风筝。顾客为什么不愿意把联系方式告诉我们呢？我们的顾客关系维护工作做得不是很到位，顾客并不是很信任我们，不给

联系方式就很正常了。基于此,前期与顾客搞好关系,获取顾客认同和信任就非常重要。其次,要获得顾客电话,什么时候、采用什么方式询问也很重要,建议导购稍微给顾客一点压力,比如:"王姐,如果您觉得价格不合适/如果您真心喜欢,麻烦您留个电话,店里如果有活动,我可以立即通知您,请问您的电话是?"最后,如果顾客仍然抗拒,我们可以从顾客心理出发,尽量消除顾客的疑虑。

话术模板

导购:王姐可能是担心泄漏个人隐私,是吧?(不等顾客回答)王姐,您有这种顾虑也很正常,毕竟电话属于个人隐私。不过王姐放心,我们绝对会保护您的隐私信息,留下电话只是为了方便我们更好地为您服务,请您一定放心。(停顿1秒,在顾客迟疑的时候说)感谢王姐的理解,请问王姐的电话是?

> **点评**
> 首先认同顾客的顾虑,然后真诚地告诉顾客我们索要电话的原因,打消顾客的顾虑,最后迅速转移话题,直接询问顾客的电话。

王建四观点

不是顾客不配合你,是顾客不信任你。

> 延伸链接

为什么获取顾客的信任总是那么难

全国各地经常有许多读者和学员咨询我:"王老师,现在的顾客越来越挑剔,越来越不好应付,有时候无论你说什么,他们总是不相信,我应该怎么做呢?"我相信这样的疑问很多人都有。确实,如果顾客不相信我们所说的话,即使我们说上一万句,那也是废话。

如何才能让顾客相信我们呢?根据我多年在零售终端的实地研究和驻店教练经验,我认为中国的零售门店一定要转变观念,那就是:千万不要急于卖东西,而要学会帮助顾客买东西。这是许多高盈利店铺指导顾客沟通并保持顾客高回头率的重要法宝。

各位曾经这样与顾客逆向沟通过吗?我遗憾地向各位报告,中国95%以上的终端缺乏这种意识。那些业绩不良的店铺一般都是急切地把东西推销给顾客,并不关心它是否适合顾客的实际需求。他们只想着做成眼前的生意,甚至为了完成短期任务不择手段地哄骗顾客,其实这样做损害的往往是我们自身的利益。

大量的门店实例也证明,导购越是这么想,顾客越是警惕,生意自然越难做成功。因为现在的顾客经受这么多年的市场教育,他们已经越来越理智了,可我们还停留在过去的状态,我们进步的速度跟不上顾客进步的速度。

2005年,广东一家家具企业要做全国经销商年会培训,通过朋友介绍找到我。课程结束后,有位总代理老板执意邀请我吃饭。我们几个刚一落座,点菜员就递上一份菜单。主人热情地邀请我点第一个菜,我习惯性地询问点菜员有什么特色菜品,点菜员毫不含糊,几乎脱口而出:"我们店的特色菜品有从南非空运过来的鲍鱼,既新鲜又美味,点的人特别多。"

其实,我也相信这个菜确实好,可我对这个豪华菜却并不买账,并且对点菜员的动机也产生了怀疑。其后，点菜员又陆续推荐了几个酒店的特色菜，可我基本上不怎么考虑她的推荐了，并且她越卖力推荐的菜我越不点，因为我已经不信任她了。

各位，在终端卖场是不是也有这样的导购呢？你是否也曾经这样卖力地给顾客推荐过"鲍鱼"呢？我们越是想把东西卖给顾客，顾客越不买账，总感觉我们在忽悠他。那我们应该怎么做呢？

2006年冬天，福建一家品牌邀请我为其全国500多名经销商讲授课程。课程结束后，有位老板热情地邀请我共进晚餐。当我们正准备点第四个菜时，点菜员插话了："先生，我们东北菜分量很足，您两个人点三个菜差不多了，我建议您点一个汤就好，不够再点都可以，免得浪费呀，您说是不是？"听了点菜员这么体贴温馨的话，我们也觉得有道理，于是按照她的建议点了一个汤，心里对点菜员也产生了些许莫名的好感。

酒过三巡，我们发现下酒菜还是有点少，于是就把刚才的点菜员叫过来，请她给我们推荐一个有东北特色的下酒菜。这个时候，我们点菜就全部听她的了，甚至连菜单都没有看。吃完结账时才突然发现，最后那道菜的价格居然是前面三菜一汤的两倍左右。

吃完饭，我又在思考了：为什么这个点菜员可以让我们不知不觉、毫无警惕地多掏钱呢？我们零售终端导购应该怎么向她学习呢？其实，这位点菜员之所以能够获取我们的好感，就是因为她曾经站在顾客的角度来思考问题。

现在让我们扪心自问：我们在工作中是真诚地帮助顾客买东西呢，还是在为一己之利而努力向顾客卖东西呢？如果是前者，那很好，请继续保持！如果是后者，请立即转变自己的观念吧，因为只有如此，我们才能够愉快地与顾客沟通，让业绩持续长青！

我们要推介的东西不一定是卖得最好的，不一定是最新的，也不一定是我们认为最好的，更不一定是我们最喜欢的，而应该是最能满足顾客需求、解决顾客问题的，一定要让顾客感觉到我们是在为顾客考虑。

同时，再次强调要转变观念——千万不要急于卖东西，而要学会帮助顾客买东西。只有如此，我们与顾客的沟通才会变得更简单、容易，我们也才能获得顾客对我们品牌以及我们个人的信任，最后持续成交。

本章自测题（将你认为正确的一个或多个答案填写在括号里）

1. 如何看待顾客投诉，我们认为（   ）

    A. 不理睬他们，他们都是来找麻烦的

    B. 能推就推，能拖就拖

    C. 投诉的顾客给了我们一次弥补错误的机会

    D. 再好的产品也会有投诉

2. 面对刁蛮不讲理的顾客，我们可以（   ）

    A. 不要轻易放弃自己的立场，据理力争

    B. 他不讲理，我比他还不讲理

    C. 反省自己是否有做得不够好的地方

    D. 适当的让步和吃亏是一种智慧

3. 最好的投诉管理就是让顾客不投诉，要降低顾客恶性投诉，我们应该（   ）

    A. 严把进货关，提高产品质量

    B. 不断提升店铺的服务水平

    C. 做得再好也有人投诉，随他去

    D. 努力做好客户服务，提高顾客满意度

4. 顾客要求退货的时候，我们应该考虑（   ）

    A. 是否影响产品的再次销售

    B. 如退货不符合公司规定，要请示后再定

    C. 尽量站在顾客的立场思考和解决问题

    D. 只要东西卖出去了，就不能退货